Angelina Jung

IT-basierte Kennzahlenanalyse
im Versicherungswesen

Kennzahlenreporting mit Hilfe
des SAP Business Information Warehouse

Diplomica® Verlag GmbH

Jung, Angelina: IT-basierte Kennzahlenanalyse im Versicherungswesen: Kennzahlenreporting mit Hilfe des SAP Business Information Warehouse. Hamburg, Diplomica Verlag GmbH 2012

ISBN: 978-3-8428-7330-8
Druck: Diplomica® Verlag GmbH, Hamburg, 2012

Bibliografische Information der Deutschen Nationalbibliothek:
Die Deutsche Nationalbibliothek verzeichnet diese Publikation in der Deutschen Nationalbibliografie; detaillierte bibliografische Daten sind im Internet über http://dnb.d-nb.de abrufbar.

Die digitale Ausgabe (eBook-Ausgabe) dieses Titels trägt die ISBN 978-3-8428-2330-3 und kann über den Handel oder den Verlag bezogen werden.

© Diplomica Verlag GmbH
http://www.diplomica-verlag.de, Hamburg 2012
Printed in Germany

Inhaltsverzeichnis

Abbildungsverzeichnis

Tabellenverzeichnis

Abkürzungsverzeichnis

BEx	Business Explorer
BW	Business Information Warehouse
CATS	Cross Application Time Sheet
ETL	Extraktion, Transformation und Laden (von Daten)
FS-CD	Financial Services – Collections and Disbursements
FS-ICM	Financial Services – Incentive and Comission Management for Insurance
KAMPINO	Komposit-Anwendungs-Management – Prozessorientiert & Innovativ
KPI	Key Performance Indicators
MIS	Management Information System
ODS	Operational Data Store
OLAP	On Line Analytical Processing
OLTP	On Line Transaction Analytical Processing
PANDA	Partnerdatenbank
PSA	Persistent Staging Area

SAP	Systeme, Anwendungen, Produkte
SAP ERP	SAP Enterprise Resource Planning
SAP HR	SAP Human Resource Management
SAP ZGP	SAP Zentraler Geschäftspartner
SID	Surrogate-ID
SQL	Structured Query Language
SWOT	Strengths, Weaknesses, Opportunities, Threats
TKV	Technische Koordination und Vertriebscontrolling

1 Einleitung

1.1 Aufbau des Buches

Dieses Buch gliedert sich in fünf Kapitel.

Im ersten Kapitel wird zum einen die Motivation für diese Studie erläutert und zum anderen das Unternehmen näher beschrieben, in dem diese Studie durchgeführt wird. Das zweite Kapitel liefert die Grundlagen, die relevant sind, um die darauf folgenden Inhalte zu verstehen und nachvollziehen zu können. Kapitel drei befasst sich mit der genaueren Analyse des Themas. Die momentane Situation wird beschrieben und es wird ein Vorschlag vorgestellt, wie sie zukünftig verbessert werden kann. In Kapitel vier folgen konkrete Hinweise für die Umsetzung. Das Buch endet im fünften Kapitel mit der Bewertung der Ergebnisse und einem abschließenden Fazit und Ausblick zu diesem Thema.

Fachbegriffe und erklärungsbedürftige Ausdrücke werden im nachfolgenden Glossar näher erläutert. Sie sind beim ersten Auftreten kursiv und mit Sternchen markiert. Verwendete Abkürzungen können im Abkürzungsverzeichnis nachgeschlagen werden und stehen beim ersten Auftreten im Text in Klammern hinter dem dazugehörigen Ausdruck. Quellenangaben sind mit eckigen Klammern und kursiv kenntlich gemacht.

1.2 Beschreibung des Unternehmens

Bei dem Unternehmen, in dem diese Studie durchgeführt wurde, handelt es sich um eine Versicherung, die als Haftpflichtversicherungsanstalt gegründet wurde und mittlerweile nicht nur Spezialversicherer der Bauwirtschaft ist, sondern auch einer der größten deutschen Auto- und Haftpflichtversicherer. Sie beschäftigt zurzeit ca. 2600 Mitarbeiter, davon sind etwa 250 in der Informatik tätig.

1.3 Problemstellung und Motivation

Aussagefähige *Kennzahlen** werden benötigt, um die Zusammenhänge und Entwicklungstendenzen in einem Unternehmen in einfacher und konzentrierter Form wiederzugeben. Deswegen werden fast in jedem Unternehmen Kennzahlen erarbeitet, aber nur in wenigen Fällen richtig interpretiert und tatsächlich damit auch effektiv gearbeitet. Häufig handelt es sich um überflüssige Kennzahlen, die wahllos zusammengestellt werden, aber nicht dem echten Bedarf des Unternehmens gerecht werden. Dafür sind unter anderem folgende Gründe verantwortlich:

 - ➢ Im Mittelpunkt stehen vergangenheitsorientierte, finanzwirtschaftliche Kennzahlen, die keine Hinweise für Strategieempfehlungen geben
 - ➢ Nichtmonetäre[1] Kennzahlen fehlen
 - ➢ Eine Interpretation von einzelnen Kennzahlen zu Analysefeldern fehlt
 - ➢ Informationsüberflutung (zu viele und vor allem ungeeignete Kennzahlen)

---

[1] Nichtmonetäre Kennzahlen stehen meist nicht unmittelbar zur Verfügung, sondern müssen durch Aufschreibung oder Auswertung vorhandener Daten ermittelt werden, z.B. Anzahl der eingegangenen Anträge, Anzahl der Kundenkontakte, Durchlaufzeit. *[Quelle: Int 04]*

Aus der Motivation heraus, diese eben beschrieben Fehler zu vermeiden und Kennzahlen vorteilhaft zu nutzen, werden in dieser Studie der Prozess und die entsprechenden Zahlungsströme des *Provisionsexkassos** in der oben beschriebenen Versicherung im Hinblick auf Kennzahlen analysiert. Um die Kennzahlen effektiv nutzen zu können und mit ihrer Hilfe Geschäftsprozesse besser analysieren und unterstützen zu können, enthält dieses Buch eine abschließende Empfehlung für die Versicherung, wie mit den Kennzahlen aus dem Provisionsexkasso zukünftig umgegangen werden soll.

2 Grundlagen

2.1 Kennzahlen

In den folgenden beiden Unterkapiteln wird der Begriff der Kennzahlen definiert und der Kreislauf der Kennzahlenauswertung näher erläutert. Der Fokus liegt dabei auf den betriebswirtschaftlichen und nicht auf den technischen Kennzahlen.

Relevant für diese Studie sind diejenigen Kennzahlen, die das Provisionsexkasso betreffen. Provisionsexkasso ist ein Begriff aus dem Finanzwesen und beschäftigt sich mit dem Transaktionsvorgang von Leistungen, in dem Fall mit der Auszahlung des Entgelts, das die *Vermittler** und *Makler** der Versicherung für ihre Tätigkeit bekommen.

2.1.1 Definition

Kennzahlen sind, wie es in der wissenschaftlichen Literatur heißt, Zahlen, die quantitativ erfassbare Sachverhalte in konzentrierter Form erfassen. Sie erläutern und veranschaulichen wichtige unternehmerische Tatbestände und zeigen die rationalen Arbeitsabläufe und möglichen Entwicklungstendenzen eines Unternehmens auf. Dabei erfasst jede Kennzahl einen engen Ausschnitt der komplexen Realität und stellt demzufolge ein grobes Abbild der Wirklichkeit dar.

Betriebswirtschaftliche Kennzahlen müssen folgende Anforderungen erfüllen:

➢ Eine Beurteilung ermöglichen, ob und in welchem Umfang die Aufgaben und Ziele eines Unternehmens erreicht wurden
➢ Ansatzpunkte für eine neue Planung und neue Ziele liefern

- ➤ Zusammenhänge und Entwicklungstendenzen erkennen lassen
- ➤ Eine Orientierung über die Situation und den Standort des eigenen Unternehmens im Vergleich zur Konkurrenz geben
- ➤ Ansatzpunkte für eine zielorientierte Unternehmenspolitik liefern und eine permanente Erfolgskontrolle ermöglichen
- ➤ Die Basis für eine wertorientierte und wertsteigernde Unternehmensführung bieten

Insgesamt sind Kennzahlen ein unverzichtbares unternehmerisches Instrument jeder Unternehmensführung und ein wichtiges Analyseinstrument zur rechtzeitigen Erkennung möglicher Schwachstellen. *[Quellen: PREIßLER 2008, KÜTZ 2007]*

2.1.2 Der Kreislauf der Kennzahlenauswertung

Die Auswertung auf Basis von Kennzahlen hat üblicherweise einen immer gleich bleibenden Ablauf. Die folgende Graphik zeigt die notwendigen Schritte von der Kennzahlenermittlung über den Vergleich der Daten bis zur Ursachenanalyse:

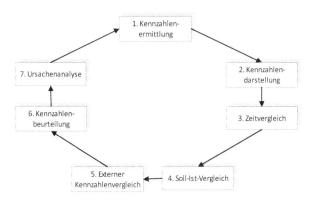

Abbildung 1: Kreislauf der Kennzahlenauswertung

1) **Kennzahlenermittlung:** Alle Daten müssen stets nach der gleichen Methode, regelmäßig in einer lückenlosen zeitlichen Folge und so schnell wie möglich gewonnen werden. Es empfiehlt sich, die Daten zumindest auf vierteljährlicher Basis zur Verfügung stehen.

2) **Kennzahlendarstellung:** Zum einen müssen Kennzahlen gebildet werden und zum anderen müssen sie leicht interpretierbar dargestellt werden. Dadurch wird sowohl eine sinnvolle und lückenlose Kennzahlenüberwachung als auch ein Vergleich in der Zahlenentwicklung ermöglicht.

3) **Zeitvergleich:** Zur Beurteilung der Zahlenentwicklung werden die Ist-Zahlen des Berichtszeitraums mit den Ist-Zahlen der zugehörigen Vorperiode verglichen.

4) **Soll-Ist-Vergleich:** Durch eine Gegenüberstellung von Soll- und Ist-Zahlen aus dem gleichen Berichtszeitraum mit anschließender Abweichungsanalyse können unerwünschte Fehlentwicklungen aufgedeckt werden. Abweichungen zwischen oft subjektiv geprägten Soll-Erwartungen und den tatsächlich verwirklichten Ist-Ergebnissen sagen etwas über die erreichten Ziele und die Planungsgenauigkeit aus.

5) **Externer Kennzahlenvergleich:** Der externe Kennzahlenvergleich wird durchgeführt, um das eigene Unternehmen im Verhältnis zu anderen, gleichartigen Unternehmen einzuschätzen. Dabei müssen die Betriebe vergleichbar und deren Kennzahlen gleich definiert sein. Eine wertvolle Art des Kennzahlenvergleichs ist das Benchmarking[2]. Darunter versteht man einen systematischen und kontinuierlichen Vergleich von Produkten, Dienstleistungen und Prozessen im eigenen Unternehmen mit denen in fremden Unternehmen, die in derselben Branche tätig sind.

6) **Kennzahlenbeurteilung:** Hier geht es um die Frage der Verhältnismäßigkeit bei den Veränderungen der Kennzahlen. Es wird geprüft, ob sich die Soll-Ist-Abweichung im Rahmen der vorher bestimmten Toleranzgrenzen bewegt. Je direkter eine Kennzahl auf angestrebte Unternehmensziele wirkt, desto enger sollte diese Toleranzgrenze gezogen werden.

---

[2] Deutsch: *Maßstab*

7) **Ursachenanalyse:** Wurde bei der Kennzahlenbeurteilung eine Überschreitung der Toleranzgrenzen festgestellt, wird eine Ursachenanalyse durchgeführt. Aber auch ohne sofort ersichtliche Soll-Ist-Abweichung werden bei *Schlüsselkennzahlen** Analysen durchgeführt. Schlüsselkennzahlen werden häufig auch als Key Performance Indicators (KPI) bezeichnet und sind Kennzahlen, die den Erfolg oder die Leistungsfähigkeit eines Systems unmittelbar beschreiben, dazu zählen z.B. der Umsatz, der Wareneinsatz und die Personalkosten eines Unternehmens. *[Quelle: Int 10]*

Damit der Zyklus der Kennzahlenauswertung wie oben beschrieben funktionieren kann, werden Kennzahlenvorgaben benötigt. Auch wenn betriebswirtschaftliche Kennzahlen aus Daten berechnet werden, die in der Vergangenheit angefallen sind, werden sie als Entscheidungshilfen für die Zukunft genutzt. Je eher die Kennzahlen vorliegen, desto eher kann beurteilt und entschieden werden. *[Quelle: Int 03]*

2.2 Operationelle und analytische Informationssysteme

Die nächsten beiden Unterkapitel beschäftigen sich mit operationellen und analytischen Informationssystemen. Nachfolgend werden die jeweiligen Eigenschaften dieser beiden Arten genannt und ihre Unterschiede verdeutlicht. Das ist für diese Studie insofern relevant, dass der Leser nachvollziehen kann, woher die Daten für die Kennzahlen kommen und welche Möglichkeiten es gibt, sie zu speichern, darzustellen und für Analysezwecke bzw. als Entscheidungshilfe zu nutzen.

2.2.1 Unterschiede

Mit den Begriffen *On Line Transaction Processing** (OLTP) und *On Line Analytical Processing** (OLAP) werden zwei unterschiedliche Formen der Datenverarbeitung bezeichnet. Die operationelle Datenverarbeitung (OLTP) bezieht sich auf operative[3] und transaktionsorientierte Informations- und Datenbanksysteme. Diese Systeme begleiten und unterstützen die Aufgabenbearbeitung auf der operativen Ebene eines Unternehmens, indem sie sich auf die rasche Verarbeitung der Eingaben zahlreicher angeschlossener Endnutzer konzentrieren. Dementsprechend dienen die Datenbanken der operativen Systeme hauptsächlich dazu, *Transaktionen** zu verarbeiten und sind meist auf spezielle Funktionsbereiche ausgerichtet. Als Transaktion wird eine Gruppe von zusammenhängenden Datenbankoperationen bezeichnet, die eine logische Einheit darstellen. Jede Transaktion wird immer vollständig oder gar nicht, aber niemals nur teilweise ausgeführt und überführt die Datenbank von einem konsistenten Zustand in einen neuen konsistenten Zustand. Sollte auf Grund eines Fehlers (z.B. Kommunikationsfehler oder Zugriffsverletzung) eine der Operationen nicht ausgeführt werden können, wird die Transaktion abgebrochen, keine der Operationen ausgeführt und der Datenbestand in den Ausgangszustand versetzt. Zum Einsatz kommen diese operationellen Systeme z.B. bei der Erfassung, Bearbeitung und Kontrolle von Kundenaufträgen und Lagerbeständen. Im Gegensatz dazu werden Systemtechnologien, die umfangreiche Datenmengen enthalten und für anspruchsvolle betriebswirtschaftliche Analysen genutzt werden, der analytischen Datenverarbeitung (OLAP) zugeordnet. Sie haben die Aufgabe, die betrieblichen Fach- und Führungskräfte zu Analysezwecken mit Informationen zu versorgen und somit den Planungs- und Entscheidungsprozess in den Bereichen Strategie und Unternehmenssteuerung in einem Unternehmen zu unterstützen. Folgende Tabelle zeigt die wichtigsten Unterschiede zwischen OLTP- und OLAP-Systemen:

---

[3] Als operativ werden diejenigen Tätigkeiten bezeichnet, die dem eigentlichen Zweck eines Unternehmens entsprechen und mit denen ein Unternehmen Gewinne erzielen möchte.

	OLTP	OLAP
Ziel	Unterstützung der Abwicklung von Geschäftsprozessen	Analyse der Daten zur Informationsgewinnung
Hauptfunktionalität	häufige Änderungen	zeitabhängige Auswertungen
Inhalt der Daten	anwendungsbezogen, funktionsbezogen	themenbezogen
Datenvolumen	Klein	sehr umfangreich
Datensicht	detailliert	meist aggregiert[4]
Alter der Daten	Aktuell	historisch
Zugriff auf Daten	Einfügen, Ändern, Löschen und Lesen	Lesen (nur selten Änderung)

Tabelle 1: Unterschiede zwischen OLTP- und OLAP-Systemen

[Quellen: Präs 01, Skript HCC, VOSSEN 2000]

2.2.2 Multidimensionalität

Aus diesen gravierenden Unterschieden lässt sich schlussfolgern, dass ein Datenbanksystem nicht gleichzeitig für OLTP- und OLAP-Anwendungen optimiert werden kann, denn die parallele Ausführung von OLAP-Anfragen auf operationalen Datenbeständen könnte die Leistungsfähigkeit der OLTP-Anwendungen stark beeinträchtigen.

Die physische Organisation in OLAP-Systemen kann wie bei OLTP-Anwendungen tabellenartig sein. Bei der logischen Datenmodellierung jedoch wird bei den analyseorientierten OLAP-Systemen eine Datenbank als eine Menge von Fakten in einem mehrdimensionalen Raum betrachtet. Jedes Faktum kann wiederum durch ein Maß[5] sowie durch im allgemeinen mehrere Dimensionen gekennzeichnet sein. Als Beispiel dient im Folgenden eine Datenbank, in welcher Daten über erfolgte Verkäufe abgelegt und ana-

---

[4] Als Aggregation wird die Zusammenfassung mehrerer Einzelgrößen hinsichtlich eines gleichartigen Merkmals bezeichnet, um Zusammenhänge zu gewinnen, z.B. die Zusammenfassung der Nachfrage der einzelnen Haushalte, um die Gesamtnachfrage des betreffenden Marktes darzustellen. *[Quelle: Int 11]*

[5] Ein aggregierter Wert, der das Ergebnis der Anwendung einer Aggragatfunktion (z.B. Summe) darstellt

lysiert werden. Als Dimensionen werden *Produkt*, *Quartal* und *Stadt* verwendet. Das Maß sind die *Verkäufe*. Drei Dimensionen sind graphisch als Würfel darstellen, auch Datenwürfel oder Data Cube genannt. Abbildung 2 zeigt einen konkreten Datenwürfel für die eben genannten Dimensionen. Dabei bilden die Dimensionen die Achsen des Koordinatensystems:

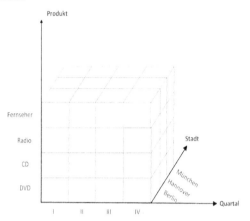

Abbildung 2: Beispiel für einen Datenwürfel

Durch die betrachteten Attributwerte bzw. Kombinationen hiervon wird der Würfel in Zellen zerlegt. Jeder Zelle ist ein Maß zugeordnet, das den Funktionswert in Abhängigkeit der drei Dimensionen darstellt. Datenwürfel sind nicht auf drei Dimensionen beschränkt.

Der Vorteil an einem Datenwürfel ist, dass er vielfältig manipulierbar ist und sich mit seiner Hilfe *Aggregationen** leicht berechnen lassen. In OLAP-Lösungen stehen den Anwendern mehrere Navigationsmöglichkeiten zur Verfügung, um eine Auswahl der gewünschten Informationsinhalte aus dem verfügbaren Datenbestand zu gewährleisten. Um beliebige Ausschnitte aus den gesamten Daten schnell zu visualisieren, können folgende vier elementare Navigationsfunktionen verwendet werden:

> **Slicing***[6]*: Unterstützt den Anwender dabei, einzelne Scheiben aus dem Datenbestand herauszuschneiden (siehe Abbildung 3, gepunktet)

> **Dicing***[7]*: Beschreibt die Möglichkeit, entlang einer bestimmten Dimension eine gewünschte Position auszuwählen und dadurch die Daten des Würfels auf eine Teilmenge einzugrenzen (siehe Abbildung 3, schraffiert)

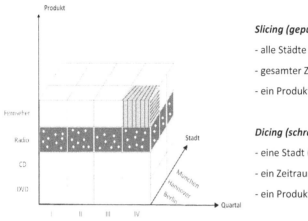

Slicing (gepunktet):
- alle Städte
- gesamter Zeitraum
- ein Produkt (Radio)

Dicing (schraffiert):
- eine Stadt (Berlin)
- ein Zeitraum (Quartal IV)
- ein Produkt (Fernseher)

Abbildung 3: Slicing und Dicing

---

[6] Deutsch: *in Scheiben schneiden*

[7] Deutsch: *in Würfel schneiden*

- **Roll-up***: Der Wechsel zu einer höheren Verdichtungsstufe[8], indem eine Dimension wegfällt (siehe Abbildung 4)

- **Drill-down***: Eine weniger starke Verdichtung der Daten, hilft nachzuvollziehen, wie verdichtete Kennzahlen zustande gekommen sind (siehe Abbildung 4)

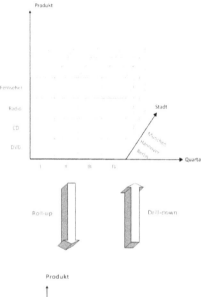

Drill-down:

Die Dimension *Stadt* zeigt, in welchen Städten die einzelnen Produkte in den jeweiligen Quartalen verkauft wurden, die Daten sind weniger stark verdichtet

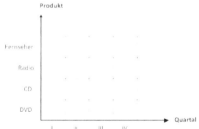

Roll-up:

Die Daten werden entlang der Dimension *Stadt* verdichtet

Abbildung 4: Roll-up und Drill-down

[Quellen: VOSSEN 2000, Skript HCC, GABRIEL 2009, Präs 01, KEMPER 2009]

---

[8] Je höher die Verdichtungsstufe ist, desto stärker werden die Daten zusammengefasst und desto kleiner wird ihr Detaillierungsgrad

2.3 Data Warehouse

In den folgenden Unterkapiteln wird das *Data Warehouse** als Datenbasis für analyse-orientierte Informationssysteme vorgestellt und dessen Nutzenpotenziale erläutert.

2.3.1 Definition

Unter einem Data Warehouse versteht man kein Produkt, sondern ein Konzept, das sich der Datenproblematik von managementunterstützenden Systemen annimmt.
Die folgende Graphik zeigt die Merkmale, die laut Inmon[9], der oft als Vater des Data Warehousing bezeichnet wird, idealtypisch für ein Data Warehouse sind:

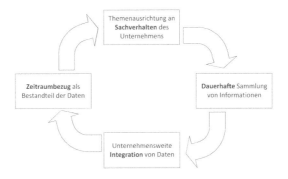

Abbildung 5: Hauptmerkmale eines Data Warehouse

> **Sachverhalte:** Die Fragestellungen sind an statistischen Analysen von Geschäfts-prozessen im Großen orientiert und nicht am Objektverhalten (im Kleinen). Die ge-speicherten Daten beziehen sich dabei auf inhaltliche Themenschwerpunkte und richten sich ausschließlich nach dem Informationsbedarf des Managements.

---

[9] Bill Inmon (* 1945 in San Diego, Kalifornien) ist ein US-amerikanischer Informatiker, der in den 1990er Jahren den Begriff *Data Warehouse* prägte. Heute ist er ein international anerkannter Berater, Redner und Autor auf diesem Gebiet. *[Quelle: Int 07]*

> **Dauerhaft:** Der Zugriff auf die Daten geschieht nur über Lese- und Einfügeoperationen. Es sind keine zeitpunktaktuellen aber unveränderlichen Informationen enthalten, und es wird ein beständiger Vorrat von Zeitreihendaten[10] angestrebt.

> **Integration:** Die Datenanalyse wird logisch betrachtet und nicht technisch. Man erhält fachlich-einheitliche Informationen und keine technischen Transformationen. Durch die Vereinheitlichung der internen Daten aus operativen Vorsystemen und die Ergänzung um externe Daten wird eine inhaltlich konsistente Datensammlung gewährleistet.

> **Zeitraumbezug:** Es wird ein Zeitraum analysiert und kein Zeitpunkt.

[Quellen: Skript HCC, Präs 01, GABRIEL 2009]

2.3.2 Architektur

Ein Data Warehouse besteht aus den folgenden drei Komponenten: eine Importkomponente, eine Verwaltungskomponente und eine Zugriffskomponente.

Die Importkomponente dient dazu, in regelmäßigen Zeitabständen festgelegte Dateninhalte aus den operativen Datenquellen zu lesen, zu vereinheitlichen, zu aggregieren und anschließend in die zentrale Datenbasis zu übertragen. Das geschieht über eine Schnittstelle mittels Transformationsprogrammen. Häufig werden dafür Werkzeuge für die Extraktion, Transformation und für das Laden von Daten (ETL) genutzt (siehe Abschnitt 2.3.4).

Die Verwaltungskomponente hat die Aufgabe, die umfangreichen Datenbestände dauerhaft und in geeigneter Form zu organisieren. Dazu werden unterschiedliche Speicherbereiche und –technologien genutzt, wozu auch kleinere, logisch separierte Speichersysteme zählen, die als Data Marts bezeichnet werden.

Die Schnittstelle, über die auf die abgelegten Inhalte zugegriffen werden kann, bildet die Zugriffskomponente. Häufig erfolgt der Zugriff mittels spezieller Endbenutzerwerk-

---

[10] Zeitreihendaten resultieren aus der Beobachtung eines bestimmten Wirtschaftssubjektes oder eines bestimmten Aggregates (z.B. der Konsumausgaben aller privaten Haushalte) über mehrere aufeinander folgende Zeitpunkte. *[Quelle: Int 08]*

zeuge, über die beispielsweise eine multidimensionale Sichtweise auf die Datensammlung gewährleistet wird.

Die folgende Graphik zeigt zusammenfassend die Architektur eines Data Warehouse.
Unten stehen die Datenquellen, die sich aus den operativen Vorsystemen und exter-
nen Daten zusammensetzen. Es folgt ein ETL-System als Importkomponente, sowie die
Verwaltungskomponente, die sich aus einem zentralen Data Warehouse und kleineren
Data Marts zusammensetzt. Ganz oben befinden sich die Endbenutzerwerkzeuge, die
die Zugriffskomponente bilden:

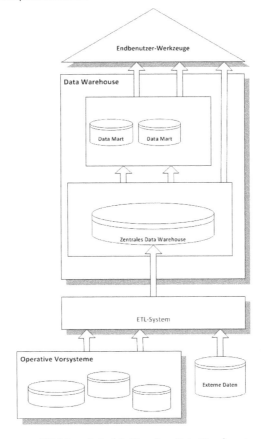

Abbildung 6: Architektur eines Data Warehouse

Wie genau jedoch das Data Warehouse-Konzept architektonisch umgesetzt wird, hängt vom Aufbau und von der Organisation des jeweiligen Unternehmens und dessen vorhandener Datenverarbeitungs-Infrastruktur ab. *[Quelle: GABRIEL 2009]*

2.3.3 Nutzenpotenziale

Wie die bisherigen Ausführungen zeigen, bietet ein Data Warehouse große und vielfältige Nutzenpotentiale für ein Unternehmen. Dabei handelt es sich sowohl um einen technischen als auch um einen betriebswirtschaftlichen Nutzen:

Technischer Nutzen:
  - ➤ Verbesserte Datenintegration
  - ➤ Keine dezentralen Datenprüfungen mehr nötig
  - ➤ Schnelle Abfragen möglich
  - ➤ Entlastung operativer Anwendungen
  - ➤ Flexible Zugriffsmöglichkeiten

Der Hauptnutzen liegt aus technischer Sicht eindeutig in der integrierten Datenbasis, die den Entscheidungsträgern die Aufgabe nimmt, die Konsistenz[11] und Qualität der Daten an verschiedenen Stellen prüfen zu müssen. Im Idealfall ist sogar keine Datenprüfung nötig, da die Daten während der so genannten Transformationsphase (siehe Abschnitt 2.3.4) bereinigt und auf ein einheitliches Format gebracht werden.
Schnelle Abfragen werden durch multidimensionale Datenstrukturen ermöglicht (siehe Abschnitt 2.2.2). Durch die Trennung von Datenhaltung und –präsentation wird die Voraussetzung für verschiedene und flexible Zugriffsmöglichkeiten geschaffen; so ist die Informationsübermittlung nicht nur am lokalen PC ausführbar, sondern z.B. auch auf einem mobilen Gerät.

---

[11] Widerspruchsfreiheit von Daten

Betriebswirtschaftlicher Nutzen:

➤ Verbesserte Informationsbereitstellung

➤ Frühzeitiges Erkennen von Trends

➤ Continuous Improvement[12]

➤ Frühwarnsystem (Exception Reporting[13])

➤ Verbesserung der Kundenzufriedenheit durch Entwicklung kundenorientierter Strategien

Die betriebswirtschaftlichen Nutzenpotenziale eines Data Warehouse liegen darin, dass die Informationsbereitstellung für die Entscheidungsträger aller Ebenen gesteigert wird. Das erleichtert zum einen eine kontinuierliche Verbesserung der Geschäftsprozesse (siehe Abbildung 7) und kann zum anderen die Wettbewerbsfähigkeit des Unternehmens durch frühzeitige Erkennung von Trends erhöhen.

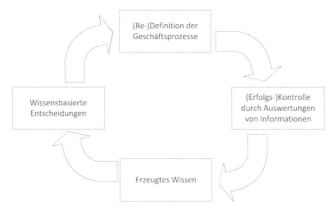

Abbildung 7: Continuous Improvement

---

[12] Deutsch: *kontinuierliche Verbesserungsprozess*, bezeichnet die stetige Verbesserung der Produkt-, Prozess- und Servicequalität

[13] Markieren und Hervorheben von außerordentlichen Abweichungen bei Kennzahlwerten. Die Abweichungen von definierten Schwellenwerten (Exceptions) werden farbig markiert, so dass außerordentliche Abweichungen von erwarteten Ergebnissen auf einen Blick festgestellt werden können.

[Quelle: Int 09]

Ein Data Warehouse kann auch als Frühwarnsystem genutzt werden, um eine schnelle Reaktion auf Umweltveränderungen zu ermöglichen. Letztendlich können der Kundenservice und die –zufriedenheit verbessert werden, indem die im Data Warehouse enthaltenen Kundendaten mit den angebotenen Unternehmensleistungen abgeglichen werden, um daraufhin kundenspezifische Strategien zu entwickeln. Eine Form der Datenanalyse ist z.b. das *Data Mining**, ein Prozess, bei dem nützliche Informationen aus umfangreichen Datenbeständen gewonnen werden. Dazu werden mathematische Methoden auf den Datenbestand angewandt, um interessante Muster und Zusammenhänge zu erkennen, die sich zur Entscheidungsunterstützung nutzen lassen.

[Quellen: Skript HCC, Präs 01, GABRIEL 2009]

2.3.4 Extraktion, Transformation und Laden von Daten

Unter einem ETL-Prozess versteht man den Vorgang der regelmäßigen Aktualisierung der Daten eines OLAP-Systems bzw. eines Data Warehouses. Nachfolgend wird näher auf die einzelnen Schritte eingegangen:

1) **Extraktion:** Die Quelldaten, die meist durch sehr unterschiedliche Datenverarbeitungssystemen eines Unternehmens erzeugt werden, werden selektiert und für den folgenden Transformationsvorgang zur Verfügung gestellt. Hierfür wird in der Regel ein ETL-Werkzeug genutzt, das den Zugriff auf die vielfältigen Datenformate erleichtert.

2) **Transformation:** Die Quelldaten werden an das Zielschema angepasst, dabei wird die Datenqualität analysiert und die Daten auf Konsistenz geprüft, indem sie miteinander in Verbindung gebracht werden. Anschließend werden gegebenenfalls Korrekturen vorgenommen.

3) **Laden:** Nachdem die Daten in geprüfter Form zur Verfügung stehen, erfolgt die Integration in das Data Warehouse. Dazu werden sie physisch in die Datenbank des Data Warehouse verschoben und die entsprechenden Datenwürfel werden aktualisiert.

Es ist jedoch nicht sinnvoll, bei jedem Aktualisierungsvorgang die kompletten Daten neu zu laden. Stattdessen ist es zeit- und ressourcensparender, nur die veränderten bzw. neu hinzugekommenen Daten zu laden.

Häufig ist die Erstellung eines geeigneten ETL-Prozesses der aufwendigste Schritt bei der Data Warehouse-Entwicklung. Gleichzeitig ist er aber auch sehr wichtig, denn ein Data Warehouse kann nur mit einer qualitativ hochwertigen Datenbasis seine Aufgabe zufrieden stellend erfüllen. *[Quelle: Int 12]*

2.4 Datenbankschemata für ein Data Warehouse

Zur Unterstützung der im vorherigen Kapitel erwähnten Funktionen und Aufgaben eines OLAP-Systems wurden verschiedene Datenbankschemata entwickelt, die für ein Data Warehouse verwendet werden können. Diese Schemata werden in den folgenden Abschnitten näher erläutert.

2.4.1 Sternschema

Als Datenbankschema für Data Warehouse-Anwendungen hat sich das so genannte Stern- oder Starschema durchgesetzt. Es besteht immer aus genau einer Faktentabelle und mehreren Dimensionstabellen, die jeweils über eine Fremdschlüsselbeziehung mit der Faktentabelle verbunden sind. Verknüpfungen bestehen nur mit der Faktentabelle, die Dimensionstabellen sind untereinander nicht verknüpft. Hieraus entsteht eine sternförmige Anordnung der Tabellen mit der Faktentabelle als Zentrum des Sterns und den Dimensionstabellen als Endpunkte der Zacken. In Abbildung 8 ist ein Beispiel für ein Sternschema für das Data Warehouse eines Handelsunternehmens skizziert:

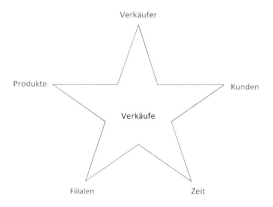

Abbildung 8: Beispiel für ein Sternschema

In diesem Beispiel bilden die *Verkäufe* die Faktentabelle und es gibt insgesamt fünf Dimensionstabellen. Die Faktentabelle sollte möglichst schmal gestaltet werden, d.h. aus wenigen Spalten bestehen. Dabei enthält sie aber normalerweise eine große Anzahl von Datensätzen, genauer gesagt mehrere Millionen von Einträgen. Im Gegensatz dazu enthalten die Dimensionstabellen weniger Datensätze, sind aber eher breit ausgelegt und enthalten somit mehr Spalten als die Faktentabelle. Die Spalten bestehen aus Primärschlüsseln und weiteren Attributen der Dimension. So kann die Dimensionstabelle *Kunden* beispielsweise die Felder *Kundennummer* und *Name* enthalten. In Anhang 2 sind weitere mögliche Ausprägungen für die Tabellen dieses Sternschemas zu finden. Die Schlüssel der einzelnen Dimensionen finden sich in der dazugehörigen Faktentabelle wieder, z.B. entsprechen die Werte in der Spalte *Produkt* aus der Faktentabelle *Verkäufe* den Werten aus der Spalte *Produktnummer* der Dimensionstabelle *Produkte* und verbindet die beiden Tabellen über diese Fremdschlüsselbeziehung (siehe Abbildung 9).

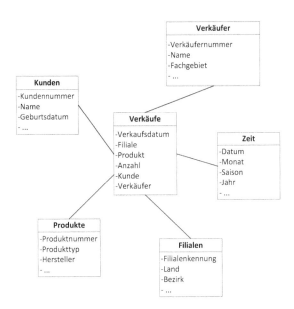

Abbildung 9: Sternschema

Die Faktentabelle ist in der Regel normalisiert im Gegensatz zu den Dimensionstabellen, die Redundanzen enthalten können. Diese Redundanzen sind aber unkritisch, da die Daten nur selten verändert werden.

Das Sternschema führt beim Zugriff auf die Daten mit der Datenbanksprache Structured Query Language[14] (SQL) zu so genannten Star Joins. Als Beispiel wird folgende Abfrage betrachtet: *Welche Handys (d.h. von welchem Hersteller) haben die Kunden in den Bayerischen Filialen zu Weihnachten 2010 gekauft?* Diese Abfrage wird mit Hilfe eines Star Joins folgendermaßen umgesetzt:

---

[14] Eine Datenbanksprache zur Definition, Abfrage und Manipulation von Daten in relationalen Datenbanken

```
select sum(v.Anzahl), p.Hersteller
from Verkäufe v, Filialen f, Produkte p, Zeit z
where z.Saison = ‚Weihnachten' and z.Jahr = 2010 and
      p.Produkttyp = ‚Handy' and f.Bezirk = ‚Bayern' and
      v.Verkaufsdatum = z.Datum and v.Produkt = p.Produktnummer
      and v.Filiale = f.Filialenkennung
group by p.Hersteller;
```

Die Anfrage enthält eine Reihe von Restriktionen auf den relevanten Dimensionen des Sternschemas. In diesem Fall sind das die Dimensionen *Zeit* (Weihnachten 2010), *Produkte* (Produkttyp Handy) und *Filiale* (Bayern). Weiterhin müssen die Verknüpfungen zwischen den Dimensionstabellen und der Faktentabelle in der **where**-Klausel aufgeführt werden. Anschließend wird die Beispielanfrage nach den Herstellern der Handys gruppiert und die Anzahl der verkauften Handys pro Hersteller aufsummiert. Dadurch werden die Daten der Faktentabelle verdichtet. Solche Gruppierungen und Aggregationen sind typisch für OLAP-Anfragen, da man dabei fast nie an individuellen Verkäufen sondern an Verkaufstrends interessiert ist. Der Verdichtungsgrad wird bei den SQL-Abfragen durch die **group by**-Klausel gesteuert. Ein Drill-down findet statt, wenn mehr Attribute in die **group by**-Klausel aufgenommen werden, da dadurch die Daten weniger stark verdichtet werden:

```
select sum(v.Anzahl), p.Hersteller, z.Jahr
from Verkäufe v, Produkte p, Zeit z
where p.Produkttyp = ‚Handy' and v.Verkaufsdatum = z.Datum
      and v.Produkt = p.Produktnummer
group by p.Hersteller, z.Jahr;
```

Werden hingegen weniger Attribute in die **group by**-Klausel aufgenommen, handelt es sich um einen Roll-up, da eine oder mehrere Dimensionen zusammengefasst werden und demzufolge eine stärkere Verdichtung stattfindet:

22

```
select sum(v.Anzahl), z.Jahr
from Verkäufe v, Produkte p, Zeit z
where p.Produkttyp = ‚Handy' and v.Verkaufsdatum = z.Datum
    and v.Produkt = p.Produktnummer
group by z.Jahr;
```

Die ultimative Verdichtung besteht im kompletten Weglassen der **group by**-Klausel:

```
select sum(v.Anzahl)
from Verkäufe v, Produkte p
where p.Produkttyp = ‚Handy' and v.Produkt = p.Produktnummer;
```

Diese Anfrage liefert dann nur noch einen Wert, nämlich in diesem Beispiel die Anzahl der gesamten verkauften Handys. *[Quellen: Skript HCC, KEMPER 2009]*

2.4.2 Schneeflockenschema

Das so genannte Schneeflockenschema ist eine Variation des klassischen Sternschemas (siehe Abschnitt 2.4.1). Durch Normalisierung der Dimensionstabellen kann ein Sternschema in ein Schneeflockenschema überführt werden, d.h. die Dimensionstabellen werden in einen Zustand gebracht, in dem sie keine vermeidbaren Redundanzen mehr enthalten. Der Vorteil dieser Struktur besteht darin, dass Speicherplatz eingespart werden kann und dass Attributhierarchien dargestellt werden können wie z.B. die hierarchische Beziehung zwischen *Veranstaltung*, *Lehrstuhl* und *Institut*. Jede Veranstaltung hat einen Lehrstuhl und jeder Lehrstuhl gehört wiederum zu einem bestimmten Institut (siehe Abbildung 10).

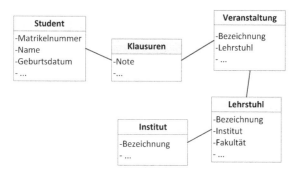

Abbildung 10: Schneeflockenschema

Der Name des Schneeflockenschemas leitet sich aus der strukturellen Komplexität ab. Die hohe Komplexität stellt aber auch gleichzeitig den Nachteil dieses Schemas dar, denn sie erschwert den Endanwendern die Navigation durch die Schneeflockenstruktur und erfordert meistens komplizierte Join-Abfragen.

[Quellen VOSSEN 2000, Skript HCC]

2.4.3 Galaxy-Schema

Da die Geschäftssituationen in Unternehmen in der Regel sehr komplex sind, reicht dafür die Modellierung eines einzigen Sternschemas (siehe Abschnitt 2.4.1) oft nicht aus. Es ist häufig nötig, eine Dimension mit mehr als einer Faktentabelle zu verknüpfen. Das so entstehende Schema nennt man Multi-Faktentabellen-Schema oder Galaxy-Schema. Im folgenden Beispiel stellen die beiden Faktentabellen Klausuren und Lehrstuhlaktivitäten die Zentren der Galaxie dar. Dabei ist die Zeit eine Dimension, die von beiden Faktentabellen benutzt wird:

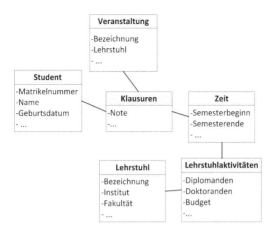

Abbildung 11: Galaxy-Schema

Der Nachteil des Galaxy-Schemas liegt darin, dass durch seine Komplexität die Navigation im Datenbestand für die Endnutzer erschwert wird. *[Quelle: Skript HCC]*

2.5 SAP Business Information Warehouse

Die nachfolgenden Abschnitte gehen auf die SAP AG und ihre Softwarelösungen im Bereich operationelle und analytische Informationssysteme ein, da sich in der untersuchten Versicherung im Zusammenhang mit dem Provisionsexkasso Technologien von SAP im Einsatz befinden.

Der Name SAP steht für *Systeme, Anwendungen und Produkte in der Datenverarbeitung*, das Unternehmen ist der weltweit drittgrößte unabhängige Softwarehersteller. Das Kerngeschäft der SAP AG besteht im Vertrieb von Nutzungsrechten an den SAP-Softwarelösungen und von damit verbundenen Diensten. Die Standardsoftware und branchenspezifischen Anwendungen von SAP dienen dazu, anderen Unternehmen dabei zu helfen, ihre Geschäftsprozesse effizient zu gestalten.

2.5.1 Definition

Zur Unterstützung von unternehmerischen Entscheidungssituationen und Analyseszenarien bietet die SAP AG das Business Information Warehouse (BW) an. Es weist alle benötigten Komponenten für eine Data Warehouse-Architektur auf und umfasst sowohl die Speicherung als auch die Präsentation von relevanten Daten zu einer Entscheidungsfindung.

In Abschnitt 2.3.1 wurde die Definition eines Data Warehouse im engeren Sinne vorgestellt, die aus den von Inmon genannten vier idealtypischen Merkmalen besteht (siehe Abbildung 5). Die Definition eines Data Warehouse im weiteren Sinne enthält darüber hinaus auch Aspekte wie Anbindung, Extraktion und Transformation von Fremddaten und die Ausdehnung in Richtung Analyse und Präsentation der Daten mit Hilfe entsprechender Werkzeuge. Das SAP BW entspricht dieser erweiterten Definition eines Data Warehouse, da es nicht nur aus einer Datensammlung auf einem BW-Server besteht, sondern auch Visualisierungsmöglichkeiten, Analysemethoden und umfassende Funktionalitäten zum Extrahieren operativer und anderer externer Daten enthält. *[Quellen: Skript HCC, CHAMONI 2005]*

2.5.2 Architektur

Prinzipiell entspricht der Aufbau des Business Information Warehouses mit seinen unterschiedlichen Komponenten der Architektur für ein Data Warehouse. Als Datenquellen zur Befüllung des BW kommen verschiedene OLTP-Systeme sowie andere BWs in Betracht. Eine besondere Bedeutung als Quellsystem hat das SAP Enterprise Resource Planning[15] (ERP). Dies ist eine betriebswirtschaftliche Standardsoftware, die die Hauptanwendungsgebiete Rechnungswesen, Logistik und Personalwirtschaft unterstützt. Das SAP ERP und das BW setzen auf einer gleichartigen technologischen Basis auf, deswegen gibt es vorkonfigurierte *Extraktoren**, die den Aufwand für die Implementierung des Datenladeprozesses aus dem SAP ERP in das BW erheblich erleichtern.

---

[15] Trug vor dem Jahr 2008 den Namen SAP R/3

Der eigentliche BW-Server, der in der Regel periodisch Daten aus den Quellsystemen erhält, befindet sich im Mittelpunkt der Architektur und umfasst Funktionen und Methoden für die Ablage, Aufbereitung und Abfrage der Daten.

Als zentrales Verwaltungswerkzeug für den Data Warehouse-Administrator dient die so genannte *Administrator Workbench**. Sie bietet Optionen für die Datenbereitstellung und –haltung und für die Pflege und den Betrieb des BW-Systems. Außerdem ermöglicht sie die Überwachung und Anpassung von Datenladeprozessen.

Ein weiterer integraler Bestandteil des BW ist der Business Explorer (BEx), der Analysewerkzeuge für die Entscheidungsunterstützung in einem Unternehmen zur Verfügung stellt. Dazu gehört der BEx Analyzer, ein Werkzeug für die Definition von Reports[16] sowie für deren Aufbereitung und Präsentation in Microsoft Excel oder in einem Webbrowser. *[Quellen: Skript HCC, CHAMONI 2005]*

Anhang 1 zeigt die Architektur und die verschiedenen Komponenten des SAP BW. Dabei sind neben den eben beschriebenen Komponenten einige Bestandteile dargestellt, die in diesem Abschnitt nicht erwähnt wurden, weil sie für diese Studie nicht relevant sind.

2.5.3 Grundlegende Begriffe

Als Speicherbereiche dienen im SAP BW mehrere unterschiedliche Segmente. Für dieses Buch sind die Speicherbereiche *Persistent Staging Area** (PSA), *Operational Data Store** (ODS) und die *Info-Cubes** von Bedeutung.

Die Persistent Staging Area dient als Zwischenspeicher von extrahierten Rohdaten vor deren Weiterverarbeitung. Hier können manuelle Korrekturen und Prüfungen nach dem Extraktionsvorgang durchgeführt werden. Anschließend werden die Daten von der Persistent Staging Area direkt in die Info-Cubes übertragen. Die Info-Cubes befin-

---

[16] Deutsch: *Bericht*, ein Report enthält zusammengefasste Informationen über ein Unternehmen, dementsprechend versteht man unter dem Begriff *Reporting* ein betriebliches Berichtswesen, d.h. alle Maßnahmen zur Verarbeitung und Speicherung von Informationen über den Betrieb in Form von Reports.

den sich im letzten Speichersegment. Sie haben ein mehrdimensionale Struktur (siehe Abschnitt 2.2.2) und dienen als zentrale Bausteine für Berichte und Analysen, denn jeder Info-Cube enthält verdichtete Daten aus einem bestimmten thematischen Bereich.

Als Alternative zu einem detaillierten Info-Cube kann der Operational Data Store verwendet werden. Im Gegensatz zur multidimensionalen Datenablage bei den Info-Cubes werden die Daten bei einem Operational Data Store-Objekt in flachen Datenbanktabellen abgelegt. Hauptsächlich befinden sich in den Data Store-Objekten zum einen zusammengeführte und bereinigte Daten aus unterschiedlichen Vorsystemen auf ihrem ursprünglichen Detaillierungsniveau (z.B. Belegebene) und zum anderen detaillierte Daten für ein eher operativ ausgerichtetes Berichtswesen.

Alle zur Auswertung nutzbaren, elementaren Datenobjekte in einem BW werden als *Info-Objekte** bezeichnet.

Ein weiterer wichtiger Begriff im Zusammenhang mit der Datenbasis des BW sind die so genannten *Metadaten**. Es gibt zwei unterschiedliche Arten von Metadaten, zum einen die technischen und zum anderen die betriebswirtschaftlichen. Die technischen Metadaten enthalten beispielsweise Angaben zu den Datenformaten und –strukturen, zum ETL-Prozess (siehe Abschnitt 2.3.4), zu den Datenquellen und zur Nutzung und Definition von Abfragen und Auswertungen, die auch als *Queries** bezeichnet werden. Die betriebswirtschaftlichen Metadaten hingegen erläutern die Bedeutung der Daten in ihrem betriebswirtschaftlichen Kontext. Somit lassen sich Metadaten sozusagen als Daten über Daten verstehen. Für die zentrale Verwaltung von Metadaten enthält das BW eine eigene Komponente, die als Metadaten-Repository bezeichnet wird.

Eine wesentliche Stärke des BW liegt im *Business Content**. Das ist eine Sammlung vordefinierter, rollen- und aufgabenbezogener Informationsbausteine, die ohne zusätzlichen Entwicklungsaufwand unmittelbar zur Verfügung steht und umfassende betriebswirtschaftliche Analysen ermöglicht. Im Einzelnen handelt es sich dabei um Benutzerrollen, Queries, Info-Cubes, ODS-Objekte, Extraktoren für SAP ERP usw. Durch die Nutzung des Business Content können schnell und unkompliziert eigene Berichte und Analysen erstellt werden. *[Quellen: Skript HCC, CHAMONI 2005]*

2.5.4 Erweitertes Starschema

Das erweiterte Starschema der SAP AG modelliert den technischen Aufbau eines Info-Cubes. Es basiert auf dem klassischen Sternschema (siehe Abschnitt 2.4.1) und bietet darüber hinaus die Möglichkeit, Mehrsprachigkeit und Zeitabhängigkeit der Attribute zu unterstützen, Hierarchiebeziehungen der Daten darzustellen und Daten mehrfach zu verwenden. Die Faktentabellen des erweiterten Starschemas entsprechen vom Aufbau und Prinzip her denen des klassischen Sternschemas. Die Dimensionstabellen hingegen können neben den eigentlichen Datenfeldern eine Verbindung zu Stammdaten haben. Das sind Referenzinformationen, die separat gespeichert sind und mehrfach verwendet werden können. Sie sind in drei verschiedene Segmente untergliedert:

➢ Attribute: repräsentieren Eigenschaften von Info-Objekten

➢ Texte: speichern die Langbezeichung von Info-Objekten, lassen sich in mehrere Sprachen ablegen

➢ Hierarchien: gruppieren Info-Objekte nach anwendungsspezifischen Kriterien

Die Zeitabhängigkeit der Attribute wird dadurch gewährleistet, dass sowohl die alten als auch die neuen Werte eines Attributs, das sich im Laufe der Zeit ändern kann, in den Stammdaten gepflegt werden können. Die alten Werte müssen nicht wie beim klassischen Sternschema durch die neuen Werte überschrieben werden.

Stammdaten sind jedoch nicht obligatorisch. Sie können mit einer Dimensionstabelle verbunden werden, müssen es aber nicht. Sie sind somit unabhängig von einer Faktentabelle und stehen für das gesamte BW zur Verfügung.

Die folgende Abbildung zeigt ein Beispiel für das erweiterte Starschema:

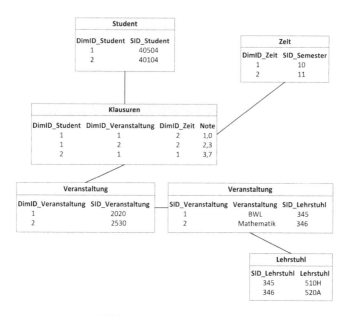

Abbildung 12: Erweitertes Starschema

Die Verknüpfungen zwischen einer Faktentabelle und ihren Dimensionstabellen sind über so genannte Dim-IDs realisiert. Das sind automatisch generierte Schlüssel mit einer Länge von 4 Byte. Analog dazu besteht die Verbindung von Dimensionstabellen mit den Stammdaten aus Surrogate-IDs (SID), ebenfalls künstliche vierstellige Schlüssel. Die Auslagerung von Dimensionsattributen in Stammdaten ist immer dann sinnvoll, wenn die jeweiligen Eigenschaften Bezüge zu mehreren Info-Cubes aufweisen.

[Quellen: Skript HCC, CHAMONI 2005]

30

3 Analyse

3.1 Operative Systemlandschaft

In der untersuchten Versicherung sind vielfältige SAP-Komponenten im Einsatz und erleichtern unter anderem Prozesse wie die Personalkostenabrechnung, die Finanzbuchhaltung, das Immobilienmanagement und die Lagerverwaltung. Für das Provisionsexkasso sind hauptsächlich folgende SAP-Komponenten und Eigenentwicklungen der untersuchten Versicherung relevant:

Partnerdatenbank (Panda):
Hierbei handelt es sich nicht um eine SAP-Komponente, sondern um eine Eigenentwicklung der untersuchten Versicherung. Panda ist die Partnerdatenbank, die zur Geschäftspartner- und Geschäftsobjektverwaltung der Versicherung dient. Unter dem Begriff Geschäftsobjekt werden alle Formen von Beziehungen, die ein Partner zu dem Versicherungsunternehmen haben kann, zusammengefasst. Dazu zählen z.B. Verträge oder auch Schadensfälle, für die die Versicherung aufkommen muss. Ein Partner kann eine oder mehrere Beziehungen zu dem Versicherungsunternehmen haben, zum Beispiel in Form eines Versicherungsvertrags oder eines Provisionsvertrags. Diese Beziehungen werden in Panda gespeichert und verwaltet.

SAP Human Resource Management (SAP HR):
Mit dem SAP HR werden in der Versicherung Prozesse erledigt, die die Mitarbeiter betreffen. Dazu zählen unter anderem wichtige Bereiche wie die Personalentwicklung, die Personalkostenplanung, die Erfassung der Arbeitszeit und die Reisekostenabrechnung.

SAP Zentraler Geschäftspartner (SAP ZGP):

Im SAP-Modul Zentraler Geschäftspartner (ZGP) werden Stammdaten von Geschäftspartnern der Versicherung gepflegt. Stammdaten sind statische Grunddaten eines Unternehmens, die nie oder sehr selten geändert werden, z.B. der Name und die Anschrift eines Geschäftspartners. Das führende Partnerverwaltungssystem in dem untersuchten Versicherungsunternehmen ist jedoch nicht SAP ZGP sondern Panda. Somit dient der SAP ZGP in der Versicherung als reines Anzeigesystem, Änderungen sind nicht möglich. Aus diesem Grund findet eine Synchronisation der Daten nur in eine Richtung statt, nämlich von Panda nach SAP ZGP.

Financial Services – Collections and Disbursements (FS-CD):

Das FS-CD wird in der untersuchten Versicherung für zwei Aufgaben eingesetzt, zum einen für die Stammdatenverwaltung und zum anderen für die Buchung von Bewegungsdaten. Stammdaten sind statische Grunddaten eines Unternehmen, die nie oder sehr selten geändert werden, z.B. der Name und die Anschrift eines Geschäftspartners. Im Gegensatz dazu sind Bewegungsdaten dynamisch und weisen eine zeitlich begrenzte Lebensdauer auf, z.B. Anfragen oder Bestellungen. Bei der Stammdatenverwaltung in FS-CD geht es darum, einem bestehenden Provisionsvertrag, den richtigen Geschäftspartner, in dem Fall ein Vermittler, zuzuordnen und ein dazugehöriges Konto anzulegen, auf dem Buchungsbewegungen verwaltet werden können. Bei der Buchung von Bewegungsdaten handelt es sich darum, provisionsrelevante Buchungen zu erzeugen und zu verwalten.

Financial Services – Incentive and Commission Management for Insurance (FS-ICM):

Die SAP-Komponente FS-ICM stellt eine Lösung für das Provisionsmanagement dar. Mit Hilfe von FS-ICM werden in der untersuchten Versicherung die Vermittler- und Provisionsdaten verwaltet und der Auszahlungsbetrag einer Provision anhand von Policenmerkmalen berechnet. Um eine Provision in FS-ICM endgültig abrechnen zu können, müssen in FS-CD die Stammdaten des betroffenen Vermittlers und ein dazugehöriges Konto vorhanden sein.

Komposit-Anwendungs-Management – Prozessorientiert & Innovativ (Kampino):

Das Projekt Kampino der untersuchten Versicherung beschäftigt sich mit der Planung, Entwicklung und der Einführung eines neuen Bestandsführungssystems für die Sparten Kraftfahrt, Sach, Haftpflicht und Unfall. Das Ziel des Projektes besteht darin, die vier bestehenden Anwendungssysteme in dem neuen Bestandsführungssystem zu vereinigen.

Die folgende Abbildung zeigt den Zusammenhang zwischen den einzelnen operativen Systemen und dem in der Versicherung eingesetzten Data Warehouse, das als Management Information System (MIS) bezeichnet wird:

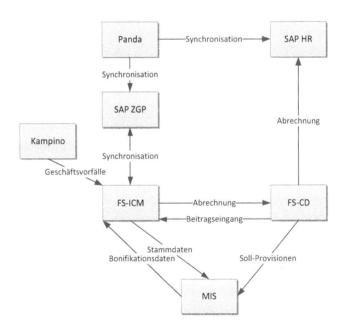

Abbildung 13: Operative Systemlandschaft

3.2 Data Warehouse Systemlandschaft

Das führende Auswertungssystem bei dem untersuchten Versicherungsunternehmen ist Hyperion von Oracle. Dies ist eine OLAP-Komplettlösung und ermöglicht sowohl eine multidimensionale Datenhaltung als auch ein Berichtswesen. Hyperion beinhaltet mehrere Module, von denen sich unter anderem folgende bei der Versicherung im Einsatz befinden:

➢ *Financial Reporting:*

Ein Werkzeug zum Erstellen und Abrufen formatierter und druckfähiger Berichte, die durch individuelle Farben, Grafiken usw. aufbereitet werden können

➢ *Interactive Reporting:*

Ein Berichts-Werkzeug, das auf noch unverdichtete Daten der Staging Area zugreift und dadurch eine detailliertere Sicht als ein Datenwürfel ermöglicht

➢ *Web Analysis:*

Ein webbasiertes Analyse-Werkzeug, mit dem sich individuelle Berichte auf Basis der Datenwürfel erstellen lassen

➢ *Analytic Administration Services:*

Ein Verwaltungsdienst, mit dem Datenwürfel definiert und verwaltet werden können

Neben Hyperion wird in der untersuchten Versicherung auch das SAP BW (siehe Abschnitt 2.5) genutzt. Es dient vor allem dazu, Berichte über die einzelnen Kostenstellen zu erstellen und die Arbeitszeiten der Mitarbeiter zu archivieren. Um die Arbeitszeiten themenbezogen und periodengerecht zu erfassen, hat die Versicherung das Cross Application Time Sheet (CATS) von SAP im Einsatz. Die dort erfassten Arbeitsstunden werden einmal täglich in das BW geladen. Dieser Vorgang geschieht automatisch nachts, um tagsüber die operativen Systeme nicht zu belasten. Insgesamt jedoch spielt das SAP BW im Gegensatz zu Hyperion nur eine geringe Rolle in der untersuchten Versicherung.

3.3 Ist-Zustand

Im Folgenden wird die momentane Vorgehensweise im Bezug auf Kennzahlen im Provisionsexkasso beschrieben.

3.3.1 Vergütungsarten

Im Provisionsexkasso wird zwischen zwei verschiedenen Vergütungsarten unterschieden. Zum einen gibt es die Abschlussprovision und zum anderen die Bestandsprovision. Eine Abschlussprovision wird einmalig gezahlt, wenn ein Vermittler bzw. Makler einen Versicherungsvertrag des untersuchten Versicherungsunternehmens für ein Jahr an einen Kunden vermittelt hat. Betreut der Vermittler bzw. Makler den Kunden auch nach Vertragsabschluss über das erste Jahr hinaus, erhält er dafür eine Bestandsprovision. Damit soll verhindert werden, dass Verträge der untersuchten Versicherung schnellstmöglich vermittelt werden, damit eine Abschlussprovision fällig wird, aber der Kunde hinterher nicht mehr ausreichend betreut wird und seinen Vertrag womöglich nach einem Jahr wieder kündigt. Dieser Sachverhalt ist in der folgenden Abbildung zusammenfassend dargestellt:

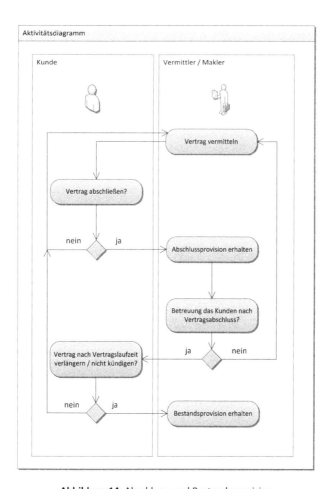

Abbildung 14: Abschluss- und Bestandsprovision

Darüber hinaus kann ein Vermittler bzw. Makler Sondervergütungen von der Versicherung erhalten. Dazu zählen z.B. Bonifikationen, wenn ein Vermittler bzw. Makler bestimmte Voraussetzungen erfüllt hat, die individuell mit der Versicherung beschlossen werden. Eine Bonifikation könnte zum Beispiel unter der Voraussetzung gezahlt werden, dass eine bestimmte Anzahl von Verträgen pro Jahr an Kunden vermittelt wird.

Des Weiteren können im Falle einer Beschwerde oder eines Fehlers seitens der Versicherung Kulanzzahlungen ausgezahlt werden.

3.3.2 Maßgebliche Kennzahlen

Im Provisionsexkasso werden insgesamt fünf maßgebliche Kennzahlen ermittelt. Sie stellen jeweils eine Vergütungsprovisionsquote dar. Das bedeutet, sie geben an, wie viel Prozent des Umsatzes für Provisionszahlungen ausgegeben wird.

Zum einen wird jeweils die einzelne Vergütungsprovisionsquote für die vier Versicherungssparten Kfz, Sach-, Haftpflicht- und Unfallversicherung errechnet und zum anderen wird eine Gesamtvergütungsprovisionsquote ermittelt, die die einzelnen Quoten der vier Sparten zusammenfasst und angibt, wie viel Prozent des Umsatzes insgesamt auf Provisionen anfällt. Darin enthalten sind sowohl Abschluss- und Bestandsprovisionen als auch Sondervergütungen, wie Bonifikationen (siehe Abschnitt 3.3.1). Die Sondervergütungen machen allerdings nur einen sehr kleinen Teil der Gesamtprovisionen aus, der zurzeit bei unter 5% der Gesamtprovision liegt.

3.3.3 Verantwortung und Vorgehensweise beim Kennzahlenreporting

Für das Kennzahlenreporting im Provisionsexkasso ist eine Gruppe des Bereichs *Technische Koordination und Vertriebscontrolling* (TKV) der untersuchten Versicherung zuständig, die aus vier Mitarbeitern und einem Gruppenleiter besteht.

Die wichtigste Kennzahl des Provisionsexkassos ist die Gesamtvergütungsprovisionsquote. Die Gruppe sorgt dafür, dass sie in einem regelmäßigen Zeitabstand von einem Monat jeweils an den Abteilungsleiter und den Vorstand des Vertriebs berichtet wird. Die Gesamtvergütungsprovisionsquote darf laut Zielvorgaben der untersuchten Versicherung die 5%-Marke nicht überschreiten. Sollte in einem Monat mehr als 5% des Umsatzes für Provisionszahlungen anfallen, müssen ohne Aufforderung die Ursachen dieser Abweichung analysiert und von den zuständigen Mitarbeitern vor dem Bericht an den Abteilungsleiter und Vertriebs-Vorstand kommentiert werden. Je größer die Abweichung ist, desto umfangreicher und tiefgründiger muss die Analyse dazu erfolgen und desto mehr Zeit muss darauf verwendet werden, die Kennzahl zu diskutieren und zu kommentieren. Dieser Ablauf ist in der folgenden Abbildung dargestellt:

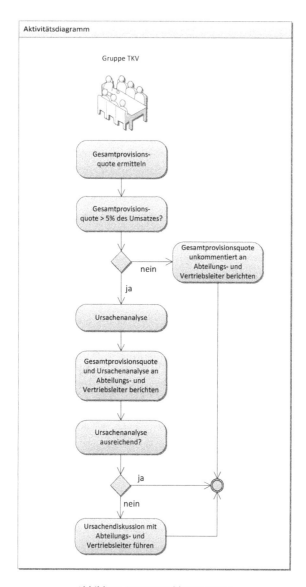

Abbildung 15: Kennzahlenreporting

Der Abteilungsleiter und der Vorstand des Vertriebs erhalten die Kennzahl Gesamtvergütungsprovisionsquote ad hoc als PDF[17]-Bericht. Um die Kennzahl zu ermitteln, wird Hyperion (siehe Abschnitt 3.2) verwendet.

3.4 Soll-Zustand

Auf Basis der während der Ist-Analyse gesammelten Erkenntnisse wird im Folgenden der Soll-Zustand definiert und anschließend die Stärken, Schwächen, Chancen und Risiken[18] (SWOT) dieses Zustandes erläutert.

3.4.1 Maßgebliche Kennzahlen

Die bestehenden Kennzahlen im Provisionsexkasso (siehe Abschnitt 3.3.2) haben sich bewährt und können grundsätzlich so beibehalten werden. Darüber hinaus sind, bezogen auf die Tätigkeit der Vermittler und Makler, auch andere Angaben wichtig, um z.B. Problemstellen aufzuzeigen oder den Anstoß für neue Ideen und Strategien zu liefern. Dazu zählen beispielsweise Kennzahlen wie die Anzahl der betreuten Kunden, der Präferenzgrad der Kunden an Produkten der untersuchten Versicherung, die Anzahl der durchschnittlichen Kundenbesuche oder die Anzahl der Neukunden. Jedoch gehören diese Angaben nicht in den speziellen Bereich des Provisionsexkassos, der sich nur mit der Auszahlung des Entgelts, das die Vermittler und Makler für ihre Tätigkeit bekommen, befasst.

Die wichtigste bestehende Kennzahl ist die Gesamtvergütungsprovisionsquote. Sie ist aussagekräftig, wird immer nach der gleichen Methode regelmäßig in einer lückenlosen zeitlichen Folge ermittelt und lässt sowohl einen Zeitvergleich als auch einen Soll-Ist-Vergleich zu. Im Fall einer Abweichung von der Zielvorgabe können die vier Vergütungsprovisionsquoten der einzelnen Sparten für Analysen genutzt werden. Diese

---

[17] **P**ortable **D**ocument **F**ormat

[18] *Englisch:* Strengths, Weaknesses, Opportunities, Threats

Kennzahlen und diese Vorgehensweise entsprechen den allgemeinen Anforderungen für Kennzahlen und somit ist es nicht nötig, Änderungen daran vorzunehmen oder weitere Kennzahlen im Provisionsexkasso zu definieren.

3.4.2 Datenquelle und Datenziel

Da sich die Kennzahlen aus dem Provisionsexkasso nicht ändern, gilt das Modul FS-ICM auch weiterhin als Datenquelle. Die Auszahlungsbeträge der einzelnen Provisionen werden in FS-ICM anhand von Policenmerkmalen berechnet und anschließend mit dem Umsatz in Beziehung gesetzt, um die Vergütungsprovisionsquoten zu berechnen. Bei dem bestehenden Datenziel hingegen gibt es einige Nachteile:

> ➢ Jeder Mitarbeiter, der mit Hyperion arbeitet, benötigt eine eigene kostenintensive Lizenz.

> ➢ Das Quellsystem FS-ICM (SAP) ist nicht vom gleichen Hersteller wie Hyperion (Oracle), das erschwert den ETL-Prozess und vermindert die Vereinheitlichung der verwendeten Systeme in der untersuchten Versicherung.

> ➢ Die Verwendung von Hyperion ist für Endnutzer aufwendig zu erlernen.

Der gravierendste Nachteil von Hyperion liegt in den hohen Lizenzkosten. Jeder Mitarbeiter, der Hyperion verwendet, benötigt eine entsprechende Lizenz, die sich in manchen Fällen nicht rentiert, weil sie nicht ausreichend genutzt wird. Günstiger wäre eine Lizenz, die nicht pro Mitarbeiter sondern für die gesamte Versicherung gilt. Dies ist beim SAP BW der Fall, für das die Versicherung umfangreiche Lizenzen besitzt. Darüber hinaus hat das SAP BW weitere Vorteile gegenüber Hyperion. Es ist vom gleichen Hersteller wie das Quellsystem, wodurch die Verknüpfung zwischen den beiden Systemen erleichtert wird und für den Zugriff auf das Quellsystem die im Business Content (siehe Abschnitt 2.5.3) mitgelieferte Extraktoren verwendet werden können. Weiterhin ist die Verwendung des SAP BW für Endnutzer in der untersuchten Versicherung insgesamt weniger aufwendig zu erlernen als die Benutzung von Hyperion. Eine Hyperion-

Schulung dauert laut verschiedener Schulungsanbieter[19] zwei bis drei Tage, um die Endanwender auf die Benutzung der Hyperion-Oberflächen und deren Funktionen, die für Unerfahrene nicht intuitiv wirken, ausreichend vorzubereiten. Eine entsprechende Schulung für das SAP BW hingegen nimmt nur einen halben bis einen Tag in Anspruch, da die Endnutzer nur lernen müssen, bereits vordefinierte Abfragen aufzurufen und deren Ergebnisse zu interpretieren. Darüber hinaus sind die Anwender in der Versicherung durch die Verwendung des SAP ERP bereits mit SAP-Systemen vertraut.

3.4.3 Verantwortung und Vorgehensweise beim Kennzahlenreporting

Die Verantwortung für die Kennzahlen aus dem Provisionsexkasso liegt bei der Gruppe TKV, die zum einen dafür zuständig ist, die Gesamtprovisionsquote regelmäßig zu berichten und zum anderen eine Ursachenanalyse durchzuführen, wenn die Quote von den Zielvorgaben abweicht. Da die Kennzahlen so bestehen bleiben, wird sich die Verantwortung der Gruppe dahingehend nicht ändern. Da jedoch eine Umstellung von Hyperion auf das SAP BW erfolgen soll, müssen sich die Mitarbeiter auf das BW vorbereiten und an einer entsprechenden Schulung teilnehmen, um zukünftig die Kennzahlen aus dem BW zu ermitteln und das BW auch zur Ursachenanalyse nutzen zu können.

3.4.4 SWOT-Analyse

Durch die Verwendung des SAP BW anstelle von Hyperion entstehen zum einen Vorteile, aber zum anderen möglicherweise auch Nachteile. Die Stärken und Schwächen sowie die Chancen und Risiken der Umstellung auf das SAP BW werden in diesem Abschnitt gegenübergestellt:

---

[19] siehe z.B. *It-Schulungen.com*

Stärken

➢ Quellsystem und Zielsystem vom gleichen Hersteller

➢ Gute Performanz durch erweitertes Starschema

➢ Business Content kann verwendet werden

➢ Drill-down auf die Daten möglich und einfach auszuführen

➢ Entlastung der operativen Systeme dank der Möglichkeit, die Daten nachts zu laden

➢ Schnell zu erlernende Bedienung für Endanwender dank vordefinierter Abfragen

Schwächen

➢ Bestehende Prozesse müssen angepasst werden

➢ Bindung an einen Hersteller

Chancen

➢ Reduzierung der Kosten durch das Einsparen von Hyperion-Lizenzen

➢ Vorhandene BW-Lizenz wird besser genutzt

➢ SAP-Kompetenz zur Anpassung der Prozesse und zur Unterstützung der Endanwender ist in der untersuchten Versicherung vorhanden

➢ Vereinheitlichung der Systeme

➢ Gutes und differenziertes Berechtigungskonzept möglich

Risiken

➢ Versicherungsfachbereich hat wenig Erfahrung und Kompetenz im Umgang mit dem BW, evtl. sind Schulungen nötig.

Die Stärken und Chancen überwiegen gegenüber den Schwächen und Risiken. Durch das Verzichten auf teure Hyperion-Lizenzen und das bessere Ausnutzen der vorhandenen BW-Lizenz können erhebliche Kosten eingespart werden. Zwar hat der Fachbereich einerseits das BW bisher wenig genutzt und hat somit nur wenig Erfahrung im Umgang damit, jedoch ist andererseits unter den Informatikmitarbeitern genügend SAP- und BW-Kompetenz vorhanden, sodass der Fachbereich entsprechend unterstützt und geschult werden kann. Die vorhandene SAP-Kompetenz in der untersuchten Versicherung hat außerdem den Vorteil, dass der bestehende Prozess mit wenig oder sogar ohne externe Hilfe angepasst werden kann.

Durch die Benutzung des FS-ICM als Quellsystem und des BW als Zielsystem besteht das Risiko, dass sich die Versicherung sehr stark an den Hersteller SAP bindet und in eine Abhängigkeit gerät. Dieses eher geringe Risiko wird aber durch die entscheidenden Vorteile, die die Vereinheitlichung der Systeme bietet, amortisiert. Dank des Business Content lassen sich nämlich die Verbindung und der ETL-Prozess zwischen FS-ICM und BW verhältnismäßig einfach und schnell realisieren.

Ein weiterer positiver Aspekt sind die umfangreichen Funktionalitäten des BW. Dazu gehört ein gutes und differenziertes Berechtigungskonzept (siehe Abschnitt 4.5). Das ist in diesem Fall erforderlich, weil geprüft werden muss, wie viele Rechte die neuen BW-Benutzer bekommen sollen und wie detailliert ihre Sicht auf die Daten sein darf. Es muss zwischen verschiedenen Benutzern differenziert werden, z.B. sollte ein Abteilungsleiter mehr Details sehen dürfen als ein Fachbereichs-Mitarbeiter, und es müssen entsprechende Berechtigungsrollen erstellt werden.

Darüber hinaus enthält das SAP BW mit dem BEx Analyzer ein Analysewerkzeug, das Anzeige- und Auswertungsoptionen auf mehrdimensionale Datenstrukturen bereitstellt. Dazu gehört neben dem Drill-down, also der stufenweisen Aufgliederung von aggregiertem Datenmaterial, auch der flexible Wechsel der angebotenen Datensicht. Die Administrator Workbench ermöglicht es, den Ladeprozess als Hintergrund-Job einzuplanen, der automatisch in der Nacht abläuft. Dadurch werden tagsüber die operativen Systeme nicht durch den Ladeprozess belastet.

Positiv anzumerken ist auch das erweiterte Starschema (siehe Abschnitt 2.5.4), auf dem die Datenhaltung im BW basiert und das zu einer guten Performanz des Systems führt.

Die aufgeführten Argumente zeigen, dass die Nachteile und Risiken zu bewältigen sind und die Einführung des SAP BW nicht gefährden. Verglichen mit den großen Chancen und Stärken haben sie nur ein geringes Gewicht und lindern den Mehrwert der Umstellung auf das SAP BW nicht. Auch der Aufwand für die Umstellung stellt kein Hindernis dar, da er insgesamt auf nur wenige Personentage geschätzt wird (siehe Abschnitt 4.6).

4 Hinweise für die Umsetzung

4.1 Modellierung des Info-Cubes

Es müssen bestimmte Schritte ausgeführt und Entscheidungen getroffen werden, wenn zukünftig das SAP BW für die Kennzahlen im Provisionsexkasso verwendet werden soll. Eine entscheidende Rolle spielt dabei die Modellierung des Info-Cubes, in dem die Kennzahlen zukünftig gespeichert werden sollen. Es muss eine Entscheidung über die inhaltliche Ausgestaltung und die Art der Modellierung getroffen werden, von der die zukünftige Abfragegeschwindigkeit und die Möglichkeit spezieller Sichten auf die Daten abhängig sind. Dabei ist vor allem die Festlegung der Datengranularität wichtig. Daten mit hoher Granularität sind sehr detaillierte Daten. Die Granularität bestimmt, wie weit ein Drill-down in den Daten möglich ist. Je höher die Granularität, desto weiter ist ein Drill-down ausführbar. Der Nachteil einer hohen Granularität besteht jedoch in einem größeren Speicherplatzbedarf.

Im Provisionsexkasso empfiehlt sich ein Info-Cube, der einen weiten Drill-down zulässt und damit eine hohe Granularität hat. Bei eventuellen Abweichungen von den Zielvorgaben muss die Möglichkeit gegeben sein, einzelne Details ansehen zu können, die wichtig für eine Ursachenanalyse sind. So sollte es möglich sein, die Gesamtvergütungsprovisionsquote bis hin zu den einzelnen Provisionen der Vermittler bzw. Makler aufgliedern zu können. Allerdings muss dabei beachtet werden, welche Personen einen so weiten Drill-down durchführen dürfen, und wer keine Berechtigung dafür haben sollte (siehe Abschnitt 4.5). *[Quelle: CHAMONI 2005]*

4.2 Definition der Übertragungs- und Fortschreibungsregeln

Neben den Datenstrukturen sind die Übertragungs- und Fortschreibungsregeln zu gestalten. Sie werden für eine möglichst performante Transformation von Daten in die Info-Cubes benötigt. Der Datenfluss beginnt bei den Quellsystemen. Die quellsystemabhängige Struktur, die dem BW den Zugang zu den unterschiedlichen Vorsystemen öffnet, wird als *Data-Source** bezeichnet. Ein Bestandteil der Data-Source ist die Transferstruktur, die eine logische Datenstruktur repräsentiert, die beim Ablauf der Extraktion die Daten aus den Extraktionsstrukturen übernimmt. Anschließend legen die Übertragungsregeln fest, in welcher Weise Daten aus der Data-Source in die Kommunikationsstruktur zu überführen sind und welche Transformationsschritte vorab zu leisten sind. Kommunikationsstrukturen dienen als Behälter für Info-Objekte und damit als zentrale Datenquelle für den Aufbau und die Fortschreibung von Info-Cubes. Sachlogisch zusammen gehörende Übertragungsregeln und Kommunikationsstrukturen werden als *Info-Source** bezeichnet. Info-Sources werden zur Aktualisierung von ODS-Objekten und Info-Cubes benötigt, denn die aus den Quellsystemen angeforderten Daten können erst in die verschiedenen Datenziele verbucht werden, wenn sie die Info-Source durchlaufen haben. Den letzten Schritt in diesem Datenfluss bilden die Fortschreibungsregeln. Sie spezifizieren, wie die Daten aus der Kommunikationsstruktur einer Info-Source in die Datenziele fortgeschrieben werden. Die folgende Abbildung bildet den Datenfluss mit den dazugehörenden Fachbegriffen ab:

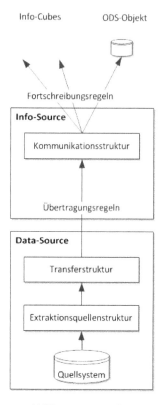

Abbildung 16: Datenfluss

Die Definition der Übertragungs- und Fortschreibungsregeln erfolgt in der Administrator Workbench. Für das Provisionsexkasso ist es notwendig, Regeln zu definieren, die aus dem Quellsystem FS-ICM die Provisionen der Makler bzw. Vermittler extrahieren und in den entsprechenden Info-Cube fortschreiben. *[Quelle: CHAMONI 2005]*

4.3 Ladeprozessmanagement

Der Prozess zum Laden von Daten wird im BW über eine Scheduling[20]-Komponente angestoßen. Dabei kann gewählt werden, ob der Ladeprozess sofort ausgeführt oder ob er als Hintergrund-Job eingeplant und dann zu einem späteren Zeitpunkt automatisch gestartet werden soll. Hierzu erfolgt über die Administrator Workbench die Anlage eines Info-Packages, das folgende Parameter für den Ladevorgang beinhaltet:

➢ Angaben über die Daten, die geladen werden sollen

➢ Angaben zu den Datenzielen

➢ Fortschreibungsparameter

➢ Ladeart (z.B. Hintergrund-Job)

➢ Ladezeitpunkt

Ein Ladevorgang lässt sich nicht nur einmalig anstoßen, sondern kann auch periodisch eingeplant werden. Zudem lassen sich komplexe Ladeprozesse über eine Prozesskette, die die Einzelvorgänge in einer chronologischen Ordnung abbildet, darstellen (siehe Anhang 3). Für die Kennzahlen im Provisionsexkasso empfiehlt sich ein täglicher Ladeprozess, der als Hintergrund-Job abläuft und die Daten aus dem FS-ICM lädt. Dabei ist es wichtig, dass der gesamte Ladevorgang in der Nacht stattfindet, um die operativen Systeme im alltäglichen Betrieb nicht zu belasten.

Der Fortschreibungsparameter gibt an, ob es sich um einen Delta- oder Full-Upload handeln soll. Während bei einem Full-Upload alle verfügbaren Daten aus dem Quellsystem geladen werden, führt das Delta-Verfahren dazu, dass nur diejenigen Daten geladen werden, die sich nach einem bestimmten Zeitpunkt verändert haben. Da es nicht nötig ist, alle Daten aus dem Provisionsexkasso immer wieder neu zu laden, wenn sie sich nicht verändert haben, empfiehlt es sich, das zeitsparende Delta-Verfahren anzuwenden. *[Quelle: CHAMONI 2005]*

---

[20] Deutsch: *Zeitplanerstellung*

4.4 Erstellen einer Query

Die Definition einer Query und die Festlegung, welche Daten aus der Datenbasis extrahiert werden sollen, wird im Query Designer vorgenommen (siehe Anhang 4). Im ersten Schritt muss beim Entwurf einer neuen Query der Datenlieferant, z.B. ein Info-Cube oder ODS-Objekt, gewählt werden. Pro Query kann nur ein Datenlieferant bestimmt werden. Anschließend erfolgt die Selektion der Kennzahlen, die aus der Datenbasis abzufragen sind. Im Rahmen dieses Schrittes wird durch die Anordnung der gewählten Informationsobjekte in Zeilen oder Spalten die Startsicht für die spätere Anzeige festgelegt. Außerdem können Ausnahmen definiert und in der Query hinterlegt werden, die Warnsignale, beispielsweise eine bestimmte Farbgebung, erzeugen, wenn ein vorgegebener Grenzwert über- oder unterschritten wird. Diese Funktionalität kann bei der Query verwendet werden, die die regelmäßig benötigten Provisionsquoten liefert. So kann die Gesamtvergütungsprovisionsquote beispielsweise rot markiert werden, wenn sie von den Zielvorgaben abweicht, um die Mitarbeiter direkt auf die Abweichung aufmerksam zu machen. Nach der Definition und Speicherung der Query steht diese unmittelbar für Anzeige- und Auswertungszwecke über den BEx Analyzer zur Verfügung. *[Quelle: CHAMONI 2005]*

4.5 Berechtigungen und Berechtigungsverwaltung

Das BW bietet die Option, verschiedene Profile anzulegen und diesen spezielle Berechtigungen und Sichten zuzuordnen. So ist es nicht notwendig, für jeden einzelnen Anwender jeweils spezifische Berichte und Queries zu erstellen. Als erster Schritt werden in der Administration Workbench Benutzer mit ihren persönlichen Daten und Kennwörtern angelegt. Diesen werden wiederum unterschiedliche Profile bzw. Rollen zugeordnet, die festlegen welche Berechtigungen ein Nutzer bekommt.

Für die Kennzahlen im Provisionsexkasso ist es wichtig, zu differenzieren, wie weit ein Benutzer einen Drill-down auf den entsprechenden Info-Cube ausführen darf. Während der Abteilungs- und Vertriebsleiter die Möglichkeit haben sollte, einen weiten Drill-down bis hin zu einzelnen Versicherungsscheinnummern und deren Details durchführen zu können, sollten die Mitarbeiter des Fachbereichs nur die Sicht bis zu einem bestimmten aggregierten Wert sehen dürfen und nicht bis zu den einzelnen Maklern bzw. Vermittlern und den einzelnen Verträgen. *[Quelle: CHAMONI 2005]*

4.6 Aufwandsschätzung

Soll für die Kennzahlen des Provisionsexkassos zukünftig das SAP BW verwendet werden, muss ein Aufwand für die in den vorangegangen Abschnitten erläuterten Schritte eingeplant werden:

1) Modellierung des Info-Cubes
2) Definition der Übertragungs- und Fortschreibungsregeln
3) Ladeprozessmanagement
4) Erstellen einer Query
5) Berechtigungen und Berechtigungsverwaltung
6) Schulung der Endanwender

Dadurch, dass es sich bei dem Quellsystem FS-ICM um eine SAP-Komponente handelt, fällt der Aufwand für diese Schritte dank des Business Content und der vorhandenen SAP-Kompetenz in der untersuchten Versicherung gering aus. Prinzipiell kann der vorhandene Business Content, der bereits passende Extraktoren usw. enthält, übernommen werden und muss gegebenenfalls nur noch geringfügig angepasst werden, beispielsweise wenn der vorhandene Info-Cube nicht alle gewünschten Dimensionen enthält. Laut der Schätzung eines Mitarbeiters des Versicherungsunternehmens, der für das SAP BW zuständig ist, beläuft sich der Aufwand unter Verwendung des Business Content für die ersten drei Schritte auf ein bis zwei Personentage. Anschließend folgt die Definition der Query, die später von den Endanwendern verwendet wird. Der Aufwand dafür wird ebenfalls als gering eingeschätzt, da das BW gute Funktionalitäten für die Definition von Queries bereitstellt und die Endanwender nur eine geringe Zahl an vordefinierten Abfragen benötigen, die die aggregierten Werte der Gesamtvergütungsprovisionsquote und der Vergütungsquoten der einzelnen Sparten liefern. Somit dauert die Definition der entsprechenden Queries nach Schätzung des bereits erwähnten Mitarbeiters der Versicherung ca. eine bis drei Stunden.

Ein weiterer Aspekt, für den ein Aufwand geschätzt werden muss, sind die Berechtigungen. Dabei kann an die Berechtigungsverwaltung für Hyperion angeknüpft werden. Dort werden für die Kennzahlen im Provisionsexkasso zwei verschiedene Rollen benötigt, die eine für die Abteilungs- und Vertriebsleiter mit uneingeschränkten Berechtigungen und der Möglichkeit, alle Details sehen zu können und die andere für die Mitarbeiter der Gruppe TKV mit eingeschränkten Berechtigungen und der Möglichkeit, die Sicht bis zu einem bestimmten aggregierten Wert verändern zu können. Dementsprechend müssen im SAP BW zwei verschiedene Berechtigungsprofile angelegt, den Nutzern zugeordnet und anschließend getestet werden. Dieser Vorgang nimmt ein bis zwei Personentage in Anspruch.

Der letzte Punkt, der betrachtet werden muss, ist die Schulung für die Endanwender. Da diese durch die Nutzung des SAP ERP bereits Erfahrung im Umgang mit SAP-Systemen haben und sie nur lernen müssen eine vordefinierte Query aufzurufen und deren Ergebnis zu interpretieren, reicht eine Schulung mit der Dauer von einem halben oder einem Tag aus. Darüber hinaus ist es nicht notwendig, einen externen Schulungsanbieter in Anspruch zu nehmen, da es in der untersuchten Versicherung intern Mitarbeiter gibt, die genügend Erfahrung und Kompetenz im Umgang mit dem BW haben, um den Fachbereich schulen zu können.

Insgesamt beläuft sich der geschätzte Aufwand damit maximal auf fünf Personentage und drei Stunden:

- ➢ *Ein bis zwei Personentage* für die Modellierung des Info-Cubes, die Definition der Übertragungs- und Fortschreibungsregeln und das Ladeprozessmanagement

- ➢ *Eine bis drei Stunden* für die Definition der Queries

- ➢ *Ein bis zwei Personentage* für die Berechtigungen

- ➢ *Ein halber bis ein Personentag* für die Schulung der Endanwender

5 Konklusion

5.1 Bewertung der Ergebnisse

Wie in der Ist-Analyse (siehe Abschnitt 3.3) herausgearbeitet wurde, ist das grundsätzliche Vorgehen bei den Kennzahlen im Provisionsexkasso gut organisiert. Jedoch bringt das aktuell verwendete System Hyperion eine Reihe von Nachteilen mit sich. Als hauptsächliche Schwäche seien an dieser Stelle noch einmal die hohen Lizenzkosten genannt.

Ein Verbesserungsvorschlag, der das SAP BW bevorzugt, wurde in der Soll-Analyse (siehe Abschnitt 3.4) vorgestellt. Eine dritte Alternative wurde nicht diskutiert, da sich in der Data Warehouse Systemlandschaft der Versicherung zurzeit nur Hyperion und das SAP BW im Einsatz befinden und dementsprechend nur für die beiden Systeme Lizenzen und Kompetenzen im Unternehmen vorhanden sind. Es würde sich nicht lohnen, nur für die Kennzahlen im Provisionsexkasso über ein neues System nachzudenken und weitere Alternativen als die vorhandenen in Betracht zu ziehen. Deswegen beschränkt sich dieses Buch auf die Analyse des SAP BW und diskutiert keine dritte Alternative.

Das Ergebnis der Soll-Analyse ist die Empfehlung, das SAP BW anstelle von Hyperion zu nutzen. Somit werden weniger teure Hyperion-Lizenzen benötigt und die vorhandene BW-Lizenz besser genutzt. Darüber hinaus eröffnet die Tatsache, dass das Quellsystem FS-ICM und das Zielsystem BW beide vom Hersteller SAP entwickelt wurden, weitere Vorteile, beispielsweise kann für den ETL-Prozess ein vordefinierter Extraktor verwendet werden. Dies spart Zeit bei der Umsetzung und vereinheitlicht die Systeme.

Weitere positive Aspekte sind die Möglichkeit, ein gutes und differenziertes Berechtigungskonzept im BW zu nutzen, die gute Performanz des BW dank des erweiterten Starschemas, die Entlastung der operativen Systeme, weil die Möglichkeit gegeben ist, die Daten nachts zu laden und die schnell zu erlernende Bedienung für Endanwender, da diese durch das ERP bereits mit SAP-Systemen vertraut sind.

Es muss allerdings ebenso bedacht werden, dass die Einführung des Soll-Zustandes mit einem Aufwand verbunden ist. Der Fachbereich muss geschult werden und es müssen verschiedene Aspekte beachtet werden, die im vierten Kapitel näher beschrieben wurden. Da es sich bei diesem Aufwand jedoch nur um wenige Personentage handelt, wie in Abschnitt 4.6 erläutert wurde, fällt er gegenüber den vielfältigen positiven Aspekten nur wenig ins Gewicht.

Unter Berücksichtigung der gesammelten Erkenntnisse lautet die Empfehlung für die untersuchte Versicherung, dass für die Kennzahlen im Provisionsexkasso zukünftig das SAP BW eingesetzt werden soll. Die Einsparung von Lizenzkosten, die umfangreichen Funktionalitäten und die bereits vorhandenen Inhalte für eine unkomplizierte Umsetzung sind die maßgeblichen Argumente für das SAB BW und gegen die bisherige Verwendung von Hyperion.

5.2 Fazit und Ausblick

Diese Studie hat mit einer umfassenden Analyse gezeigt, dass der Einsatz des SAP BW für die Kennzahlen im Provisionsexkasso eine Bereicherung darstellt. Dadurch können nicht nur Kosten gespart werden, sondern auch Prozesse vereinfacht und vereinheitlicht werden. Diese Ansicht wird von denjenigen Mitarbeitern geteilt, die Erfahrung mit dem BW haben und es bedauern, dass seine umfassenden Funktionalitäten und die vorhandene BW-Lizenz in der Versicherung bisher nur wenig Verwendung finden. Die Unsicherheiten bezüglich der Umstellung von Hyperion auf das BW konnten durch die Gegenüberstellung von Stärken und Schwächen beseitigt werden.

Auf Basis des definierten Soll-Zustandes und den zusammengetragenen Hinweisen in Kapitel vier kann die Umstellung auf das SAP BW durchgeführt werden.

Anhang

Anhang 1: Architektur des SAP BW *[Quelle: Präs 01]*

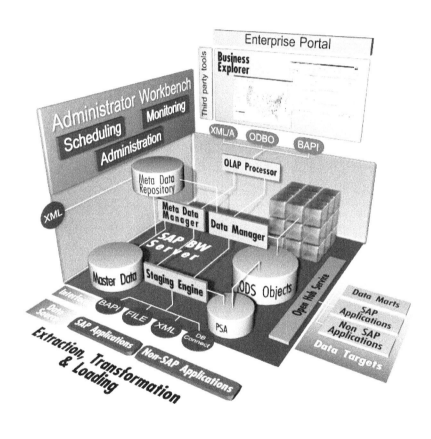

Anhang 2: Ausprägungen eines Sternschemas

Verkäufe (Faktentabelle)

Verkaufs-datum	Filiale	Produkt	Anzahl	Kunde	Verkäufer
25.01.2011	Passau	1347	1	14711	825
14.02.2011	Hannover	1200	5	23232	824
20.03.2011	Berlin	7891	2	11111	700
...	...	...	...	...	...

Tabelle 2: Ausprägungen der Faktentabelle *Verkäufe*

Zeit (Dimensionstabelle)

Datum	Monat	Saison	...
25.01.2011	Januar	Winter	...
14.02.2011	Februar	Frühling	...
20.03.2011	März	Frühling	...
...	...	...	...

Tabelle 3: Ausprägungen der Dimensionstabelle *Zeit*

Filialen (Dimensionstabelle)

Filialenkennung	Land	Bezirk	...
Passau	Deutschland	Bayern	...
Hannover	Deutschland	Niedersachsen	...
Berlin	Deutschland	Berlin	...
...	...	...	...

Tabelle 4: Ausprägungen der Dimensionstabelle *Filialen*

Produkte (Dimensionstabelle)

Produktnummer	Produkttyp	Hersteller	...
1347	Handy	Samsung	...
1200	Kühlschrank	Siemens	...
7891	Staubsauger	Philips	...
...	...	...	...

Tabelle 5: Ausprägungen der Dimensionstabelle *Produkte*

Kunden (Dimensionstabelle)

Kundennummer	Name	Geburtsdatum	...
14711	Müller	18.01.1975	...
23232	Meyer	20.03.1982	...
11111	Schmidt	01.02.1968	...
...	...	...	...

Tabelle 6: Ausprägungen der Dimensionstabelle *Kunden*

Verkäufer (Dimensionstabelle)

Verkäufernummer	Name	Fachgebiet	...
	Schulz	Computer	...
	Paul	Haushaltsgeräte	...
	Krause	Handys	...
...	...	...	...

Tabelle 7: Ausprägungen der Dimensionstabelle *Verkäufer*

Anhang 3:

Beispiel für eine Prozesskette im Business Information Warehouse

[Quelle: Int 13]

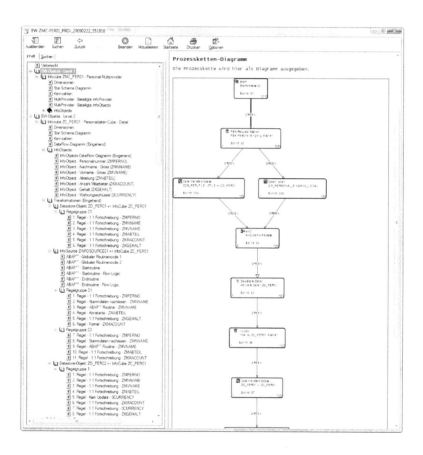

Anhang 4: Query Designer *[Quelle: Int 14]*

Glossar

Administrator Workbench

Eine zentrale Architekturkomponente des Business Information Warehouses, bietet Optionen für eine zentrale Verwaltung und Gestaltung, enthält Funktionen zur Modellierung und Pflege der Datenstrukturen und Einstellungsmöglichkeiten für Datenladevorgänge *[Quelle: CHAMONI 2005]*

Aggregation

Die Zusammenfassung mehrerer Einzelgrößen hinsichtlich eines gleichartigen Merkmals, um Zusammenhänge zu gewinnen *[Quelle: Int 11]*

Business Content

Eine Sammlung vordefinierter, rollen- und aufgabenbezogener Informationsbausteine, die ohne zusätzlichen Entwicklungsaufwand nach Installation des Business Information Warehouse unmittelbar zur Verfügung steht und umfassende betriebswirtschaftliche Analysen ermöglicht *[Quelle: CHAMONI 2005]*

Data Mining

Ein Prozess, bei dem nützliche Informationen aus umfangreichen Datenbeständen gewonnen werden, dazu werden mathematische Methoden auf den Datenbestand angewandt, um interessante Muster und Zusammenhänge zu erkennen, die sich zur Entscheidungsunterstützung nutzen lassen
[Quelle: GABRIEL 2009]

Data-Source

Eine quellsystemabhängige Struktur von Datenfeldern, die dem Business Information Warehouse den Zugang zu den unterschiedlichen datenliefernden Vorsystemen öffnet *[Quelle: CHAMONI 2005]*

Data Warehouse

Ein Datenbestand, der eine integrierte Sicht auf die zugrunde liegenden Datenquellen ermöglicht, um fundierte Entscheidungen für Wandel in Unternehmen zu unterstützen *[Quelle: Präs 01]*

Dicing

Das Eingrenzen eines Datenwürfels entlang einer bestimmten Dimension auf eine Teilmenge *[Quelle: Skript HCC]*

Drill-down

Der Wechsel zu einer niedrigeren Verdichtungsstufe eines Datenwürfels *[Quelle: Skript HCC]*

Extraktor

Programmcodesegment, das dazu dient, Daten aus den Quellsystemen in einer vorgegebenen Struktur für das Business Information Warehouse bereitzustellen *[Quelle: CHAMONI 2005]*

Info-Cube

Zentrale Datenquelle im Business Information Warehouse, speichert verdichtete Daten aus einem thematisch abgegrenzten Bereich in einer multidimensionalen Struktur *[Quelle: CHAMONI 2005]*

Info-Objekt

Alle zur Auswertung nutzbaren, elementaren Datenobjekte in einem Business Information Warehouse *[Quelle: CHAMONI 2005]*

Info-Source

Für die Aktualisierung der Daten im Business Information Warehouse nötig, muss durchlaufen werden, bevor die aus den Quellsystemen angeforderten Daten in den Datenzielen verbucht werden können *[Quelle: CHAMONI 2005]*

Kennzahlen

Zahlen, die quantitativ erfassbare Sachverhalte in konzentrierter Form erfassen
[Quelle: PREIßLER 2008]

Makler

Kaufleute und ausschließliche Interessenvertreter und Sachwalter ihrer Mandanten und damit keine Erfüllungsgehilfen eines Unternehmens
[Quelle: Int 01]

Metadaten

Daten über Daten, enthalten Angaben über Datenformate und –strukturen und über die Bedeutung und Herkunft der gespeicherten Inhalte in einem Data Warehouse *[Quelle: CHAMONI 2005]*

On Line Analytical Processing

Analytische Datenverarbeitung, enthält umfangreiche Datenmengen und wird für anspruchsvolle betriebswirtschaftliche Analysen genutzt *[Quelle: Skript HCC]*

On Line Transaction Processing

Operationelle Datenverarbeitung, begleitet und unterstützt die Aufgabenbearbeitung auf der operativen Ebene eines Unternehmens *[Quelle: Skript HCC]*

Operational Data Store

Teil des analyseorientierten Datenbestandes im Business Information Warehouse, verwaltet zusammengeführte Detaildaten mit geringer zeitlicher Reichweite aus unterschiedlichen Vorsystemen *[Quelle: CHAMONI 2005]*

Persistent Staging Area

Ein Speicherbereich im Business Information Warehouse, der zur Zwischenspeicherung extrahierter, unbehandelter Rohdaten aus den Vorsystemen vor deren Weiterverarbeitung dient *[Quelle: CHAMONI 2005]*

Provisionsexkasso

Ein Begriff aus dem Finanzwesen, beschäftigt sich mit dem Transaktionsvorgang von Leistungen, in dem Fall mit der Auszahlung des Entgelts, das die Vermittler und Makler für ihre Tätigkeit bekommen *[Quelle: Int 05]*

Query

Eine Abfrage, die als Grundlage für den Zugriff auf die im Business Information Warehouse gespeicherten Daten dient *[Quelle: CHAMONI 2005]*

Roll-up

Der Wechsel zu einer höheren Verdichtungsstufe eines Datenwürfels *[Quelle: Skript HCC]*

Schlüsselkennzahl

Kennzahlen, die den Erfolg oder die Leistungsfähigkeit eines Systems unmittelbar beschreiben, dazu zählen z.B. der Umsatz, der Wareneinsatz und die Personalkosten eines Unternehmens *[Quelle: Int 10]*

Slicing

Das Herausschneiden einzelner Scheiben aus einem Datenbestand *[Quelle: Skript HCC]*

Transaktion

Ein Vorgang, der als Ganzes auf Daten eines Datenbanksystems ausgeführt wird, aber aus einer Folge von Teilschritten bestehen kann, überführt die Datenbank von einem konsistenten Zustand in einen neuen konsistenten Zustand *[Quelle: Int 06]*

Vermittler

Handelsvertreter und Gewerbetreibende, die Verträge vermitteln und dabei ihre Tätigkeit und Arbeitszeit frei bestimmen können *[Quelle: Int 02]*

Literaturverzeichnis

Bücher

[PREIßLER 2008]	PETER R. PREIßLER (2008). *Betriebswirtschaftliche Kennzahlen.* Oldenbourg.
[KÜTZ 2007]	MARTIN KÜTZ (2007). *Kennzahlen in der IT.* dpunkt.verlag.
[GABRIEL 2009]	ROLAND GABRIEL, PETER GLUCHOWSKI und ALEXANDER PASTWA (2009). *Data Warehouse & Data Mining.* w3l.
[VOSSEN 2000]	G. VOSSEN (2000). *Datenmodelle, Datenbanksprachen und Datenbankmanagementsysteme.* Oldenbourg.
[CHAMONI 2005]	P. CHAMONI, P. GLUCHOWSKI und M.HAHNE (2005). *Business Information Warehouse.* Springer.
[KEMPER 2009]	ALFONS KEMPER und ANDRÉ EICKLER (2009). Datenbanksysteme: *Eine Einführung.* Oldenbourg.

Skripte

[Skript HCC]	MATTHIAS MOHR (2005). *HCC-Einführungsschulung zum SAP Business Information Warehouse.* SAP Hochschulkompetenzzentrum an der Technischen Universität München.

Präsentationen der FHDW

[Präs 01]	HEIDRUN BETHGE. *Betriebliche Anwendung von Datenbanksystemen: Data Warehouse.*

Internetquellen

[Int 01]   http://www.tyskret.com/deutsch/handel/reis.html - Stand 13.04.2011

[Int 02]   http://www.vermittlerrichtlinie.de/459,19672,1.html
- Stand 13.04.2011

[Int 03]   http://www.pbs-akademie.de/shop-power_22.htm - Stand: 19.04.2011

[Int 04]   http://www.bundesfinanzministerium.de/nn_4318/DE/Wirtschaft_%
20%20%20und_Verwaltung/Finanz_und_Wirtschaftspolitik/Neue_Steu
erung%20%20instrumente%20/26323.html?_nn=true
- Stand 21.04.2011

[Int 05]   http://www.juraforum.de/lexikon/provision - Stand: 21.04.2011

[Int 06]   http://wirtschaftslexikon.gabler.de - Stand: 21.04.2011

[Int 07]   http://www.tecchannel.de/job-karriere-seminar/483936/die_zehn_
vielleicht_wichtigsten_it_persoenlichkeiten_der_letzten_40_jahre
/index7.html - Stand: 21.04.2011

[Int 08]   http://wirtschaftslexikon.gabler.de/Definition/zeitreihendaten.html
- Stand: 20.04.2011

[Int 09]   http://help.sap.com/saphelp_bw/helpdata/de/1a
/615f64816311d38b170000e8284689/content.htm
- Stand: 21.04.2011

[Int 10]   http://www.projektmagazin.de//glossarterm/schluesselkennzahl
- Stand: 17.05.2011

[Int 11]   http://wirtschaftslexikon.gabler.de/Definition/aggregation.html
- Stand: 17.05.2011

[Int 12]   http://www.dpunkt.de/leseproben/2032/Kapitel%202.1.pdf
- Stand: 31.05.2011

[Int 13]   http://www.ct-software.de/symbols/bi-feature-analyse-pchain.png
- Stand: 08.06.2011

[Int 14]   http://sap.nionex.de/wp-content/uploads/2009/09/BEx-
QueryDesigner.jpg - Stand: 08.06.2011

Autorenprofil

Angelina Jung wurde 1989 in Hameln geboren. Nach dem Abitur entschied sie sich für ein duales Bachelorstudium der Wirtschaftsinformatik an der FHDW Hannover, das abwechselnd in jeweils dreimonatige Theorie- und Praxisphasen gegliedert war und ihr sowohl Kenntnisse der Betriebswirtschaft als auch der Informatik vermittelte. Die Praxisphasen absolvierte die Autorin in einer Versicherung in Hannover. Dadurch sammelte sie bereits während des Studiums umfassende praktische Erfahrungen in der Versicherungsbranche und im Informatikbereich. Sie schloss ihr Studium erfolgreich im Jahr 2011 mit dem akademischen Grad Bachelor of Science ab. Anschließend konnte sie ihre fachlichen Qualifikationen im Bereich Betriebswirtschaft bei einer der führenden Wirtschaftsprüfungen einsetzen und weiter ausbauen.

Ihr Studium und ihre Tätigkeit bei der Versicherung motivierten Angelina Jung, sich der Thematik des vorliegenden Buches zu widmen, das sich gleichermaßen mit betriebswirtschaftlichen und technischen Fragestellungen rund um das Thema Kennzahlen auseinandersetzt.